武士マニュアル

氏家幹人

JN284217

メディアファクトリー新書　048

メディアファクトリー新書　048

武士マニュアル　目次

『武士マニュアル』制作者

著者
氏家幹人

カバーイラスト
つくし

本文イラスト
おおよどながら

本文DTP
小川卓也（木蔭屋）

校正
西進社

装丁
下平正則

編集
安倍晶子（メディアファクトリー）

はじめに　武士道よりも武士マニュアル

この本を書くにあたって、編集者から頂戴したタイトルは『武士マニュアル』。武士マニュアル？　〝古文書読み〟の私には聞き慣れない言葉だったが、要するに武士の基本的な心得や行動規範の意味だろうと大雑把《おおざっぱ》に解釈して、承諾した。

書名は決定。ところがいざ執筆する段になって、いったいどの時代の武士マニュアルについて書けばいいのか、思い悩んでしまった。

武士とは、源平の合戦絵巻に華々しく登場する武者や鎌倉幕府の御家人たちなのか。幾多の戦場を駆けめぐり、城攻めの際には女子どもまで撫で斬りにした冷酷非情な戦国の猛将たちか。それとも江戸時代の〝戦争を知らない〟幕臣や藩士たちなのか。

たどり着いた答は、江戸時代の武士。そもそも、もっぱら江戸時代を研究している私に平家物語や太平記の世界を彩る武士について本を書けるだけの知識はないし、戦国時代に関する知識もごく限られている。

それに、一般の読者が「武士」と聞いてまず思い浮かべるのは、時代小説や時代劇でなじみが深い江戸時代の武士ではないか。江戸時代の武士マニュアルならば、幸い史料には事欠かない。さあ、さっそく江戸時代の武士の心得のなかから、質量ともに新書にふさわしいものを選び出し、紹介することにしよう。

ここまで書いて、さらりと本文に入ろうとしたら、編集者から「待った！」の声がかかった。手抜きをせずに「はじめに」で、本書の意義をしっかり書いておくべきだ、と。どうして『武士マニュアル』を著し、読者はこの本で何を知ることができるのかを説明する必要があるというのである。たとえば武士マニュアルは武士道とどう違うのかとか。

なるほど。確かに「武士の心得や倫理観に関しては、すでに〝国民的名著〟である新渡《にと》戸稲造《べいなぞう》『武士道』(1900年に英文初版が米国で出版)で語り尽くされている。いまさら『武士マニュアル』なんて」とおっしゃる方もいるかもしれない。

『武士道』は日本人を武士道好きにさせる記述に富んでいる。第十五章「武士道の感化」を開いてみよう(引用は矢内原忠雄訳)。「武士は全民族の善き理想となった」「知的ならびに道徳的日本は直接間接に武士道の所産であった」などなど。『武士道』が著された明治30年代、武士階級は姿を消していたが、武士道精神は日本国民のあいだに浸透し、精神的な手本として生き続けているというのだ。

武士道万歳。しかし新渡戸稲造が述べているのは、あくまで勇気・名誉・忠義・克己といった道徳的体系としての武士道であって、それが生《ナマ》の武士たちの意識や実態と距離があるのは、多くの歴史研究者によって指摘されている。『武士道』はあくまで倫理道徳の本で、歴史書ではない。

もしも江戸時代の武士が『武士道』を読んだとしたら……。

そこに書かれた忠誠や自己犠牲の精神は理解できたとしても、だからといって深い感銘を受けることはないだろう。すくなくとも、書かれている内容は彼らが日頃知りたいと思っているものではなく、失望を覚える武士も多いに違いない。なかには武士が過剰に礼賛《らいさん》されているのを見て、わが身に照らして顔を赤らめる人もいるはずだ。

江戸時代の現役の武士たちが知りたがっていたのは、忠孝のお題目や精神論などではなく、日々の生活や職場の現実のなかで、いかに行動すべきか（どうしてはならないか）を教えてくれる実践的な手引や知識、すなわちマニュアルだった。

以下、本書に登場するマニュアルの数々は、そんな彼らのために著された武士の心得と行動規範にほかならない。おのずと内容は具体的で日常的。なかには〝武士の品格〟とは相いれない欺瞞《ぎまん》(ごまかし)やその場しのぎの姑息《こそく》な手段も紹介されている。凛《りん》として爽《さわ》やかな武士の姿を想像していた読者には、少々期待外れなところがあるかもしれない。

井上図書頭正在《ずしょのかみまさあり》という高1500石の旗本の逸事が、松浦静山《まつらせいざん》の随筆『甲子夜話《かっしやわ》』に載っている。

小性《こしょう》頭、目付、普請奉行を歴任して天明7(1787)年に57歳で没した井上は、在職中、清廉潔白で気骨ある人物として知られていた。井上の自宅の居間には、彼が自筆で書いた文字が額に入れて掛けられていた。井上は、日々その文字を見ながら職務に励んでいたらしい。

その文字とは。それは「忠義」でも「信義」「忠孝」でもなく、仮名で6文字「しくじるまで」だった。しくじるまで(大きな失敗を犯すまで)は、懸命にお役目を務めようという覚悟を表明したものであろう。手柄を立てようと思うな。ミスを犯さぬよう細心の注意を。現代のサラリーマンにもそのまま通用する「覚悟」である。

職場だけではない。公私にわたってしくじらないためには、さまざまな指針が不可欠だ。——人を怨《うら》まず人に怨まれず、上司・同僚との関係を円満に保ち、不慮の事件にあってもなんとか切り抜け、火事や地震等の非常事態にも的確に対応し、自身と家族の健康を維持する——ためのいくつものマニュアルが、かくして作成され、武士のあいだで流布したのである。運悪く切腹や介錯人《かいしゃくにん》(斬首役)を命じられたときは、切腹マニュアルに目を通せばいい。

多彩な武士マニュアル。本書で紹介するのはその一部にすぎないが、それでも読者は、『武士道』を熟読しても絶対にわからない武士の実像に触れることができるだろう。彼らが抱えていたさまざまな問題や悩みを知るとともに、それらの解決策として示された知恵の数々を味読する。武士マニュアルは、今日を生きるわれわれにも貴重な教訓を与えてくれるはずである。

第1章

旗本新人マニュアル

――『番衆狂歌』

◆武士、さまざま

一口に江戸時代の武士といってもさまざまである。神坂《こうさか》次郎『元禄御畳奉行の日記』は、尾張藩士朝日重章《しげあき》の日記を紹介したものだし、藤沢周平の原作を山田洋次監督が映画化した『武士の一分』(2006年)の主人公は下級藩士である。その一方で、勝小吉《かつこきち》・麟太郎《りんたろう》の父子に取材した子母澤寛《しもざわかん》『父子鷹』のように、幕臣を主人公にした小説や時代劇もすくなくない。

藩士か幕臣か。どちらも江戸時代の武士に違いはないが、やはり将軍直参《じきさん》で「天下の旗本・御家人」と呼ばれた幕臣を取り上げるのが妥当であろう。

なにしろ藩は数が多く(廃絶したものなどを含めれば500を超えるという)、地域はもとより石高《こくだか》や家格もさまざまで、どの藩の武士の心得を取り上げても、それをもって江戸時代の「武士のマニュアル」とは呼び難い。

幕臣に焦点を定めたところで、さて、幕臣といっても一様ではない。将軍に謁見《えっけん》ができる御目見《おめみえ》以上の旗本と、御目見以下の御家人とでは、処遇や意識に大きな違いがあったろうし、同じ旗本でも、務める役職が番方《ばんかた》(武官)か役方《やくかた》(いわゆる事務官)では「武士度(自分は武士であるという気持ちの強さ)」にずいぶん差があったのではないだろうか。俸給や出世の可能性はともかく、役方より番方のほうが武士の本分にかなっているのはいうまでもない。

◆幕臣の基本の「き」

考えた末に、この本で最初に取り上げる栄《は》えある「武士のマニュアル」は、著者未詳の『番衆狂歌《ばんしゅうきょうか》』に決定した。

明治14（1881）年から18年にかけて出版された近藤瓶城《へいじょう》編『史籍集覧《しせきしゅうらん》』（全468冊）に収録されている由緒《ゆいしょ》正しき史料であり、かつて進士慶幹《しんじよしもと》『江戸時代の武家の生活』で抄訳された（ただし簡潔すぎてわかりにくい）。最近でも小川恭一『江戸城のトイレ、将軍のおまる』などで部分的に引用されている。内容は徳川幕府の番方の心得を二百数十首の狂歌に詠《よ》んだもので、初心者を対象にしたまさしくマニュアル。それだけにわかりやすく面白い。

内容に入る前に、番衆とはどのような幕臣を指すか説明しておかなければならない。

幕臣の人数は（同じ江戸時代でも増減があるが）ほぼ2万2千か2万3千人で、うち旗本が5千数百、御家人が1万7千人ほどだったという（竹内誠編『徳川幕府事典』）。このうち『番衆狂歌』に詠まれているのは、番方の幕臣。具体的には、大番・書院番・小性《こしょう》組番・新番・小十人組《こじゅうにんぐみ》に所属する旗本たちで、なかでも大番である場合が多い。

大番・書院番・小性組番・新番・小十人は「五番方」と総称される将軍直属の親衛隊だ。『番衆狂歌』が編まれた当時（江戸中期と推定される）、大番は12組があり、それぞれの組は、隊長である番頭《ばんがしら》一人と組頭4人、平の番方である番衆50人、そして与力10騎と同心20人で編成されていた。12組のうち毎年2組ずつ交替で二条城と大坂城に在番（あわせて上方《かみがた》在番と称した）。そのほかは江戸城の西丸や二丸に勤番して江戸城を警衛し、また江戸市中を巡回して警戒にあたった。

『番衆狂歌』が対象にするのは、各組に番衆として採用された新入りにほかならない。

次に書院番とは……。いや、これ以上の説明は省略しよう。詳細は『徳川幕府事典』ほか一般向けの概説書にもわかりやすく記されている。とにかく番衆は幕臣のなかで、もっとも武士らしい武士といえる存在だった。

さて、そんな番衆は、どのようなことを心得ていなければならなかったのだろうか。『番衆狂歌』に記されているのは基本中の基本にすぎないと断ったうえで、その内容をのぞいてみよう。

以下、本書では幕末の旗本宮崎成身の雑録『視聴草《みききぐさ》』に収録された『番衆狂歌』を用いることとする。全部で288首の狂歌が載っているが、そのすべてを紹介するわけにはいかない。まずは「番入《ばんいり》」、すなわち番衆に採用された際の心得から始めたい。片仮名を平仮名に改めたほか、適宜濁点や漢字を補って読みやすくした。

◆汝《なんじ》の上司を敬え

御番入《ごばんいり》召さば親類同道し　稽古番には頼め相番《あいばん》

御番入御礼廻りに御老中　若年寄衆頭《かしら》へもゆく

「番入を仰せつけられるときは、本人だけでなく主だった親類の者も同道せよ。見習いのため出勤した際には、何事も先輩格の同役に聞くように」。

本人ばかりでなく親類一同にとっても番入(就職)は重大事。職場での心得はまず先輩たちの顔を立てることだ。もちろんお礼回りは欠かせない。「お礼回りに参上する先は、老中や若年寄だけでなく(上司となる)番頭のところにも」。

御番日《ごばんび》を居間に書付張置《かきつけはりおけ》よ　もし忘れては立《たた》ぬものなり

大番衆の勤務は3交替で、朝番（請取《うけとり》の御番）が五つ（午前8時）までに出勤し、夕番は四つ（午前10時）、泊まり番（寝番《ねばん》）は七つ（午後4時）までに出勤しなければならなかった。

加えて出勤日は毎日ではなかったから（笹間良彦『江戸幕府役職集成』によれば4日に1回）、出勤時間どころか出勤日を間違えることだってあったに違いない。新人の身で出勤日を忘れたら、さあ大変。だから「出勤日を書いた紙を自宅の居間に貼っておくように。忘れて出勤しなかったなんて言い訳はできないぞ」というのである。

御番所へ余り早きも都合せず　半時遅《はんときおくれ》は是《これ》も不都合

「あまり早く出勤するのは感心しない。かといって、半時（1時間）遅刻するのもよろしくない」というのだが、遅刻が15分でも30分でもなく1時間というところが、江戸時代らしく、ゆったりしている。

早すぎる出勤はよくない。ならば勤務時間が過ぎているのに帰宅せず、遅くまで残っているのはどうか。

御番所の部屋に長居《ながい》は無用なり　只《ただ》一日の御番大事に

特に用もないのに職場（「御番所」）に長居は無用。出勤したらダラダラすごさず、勤務時間中は緊張感をもって務めよという意味だろう。

もちろん、なんらかの理由で急に出勤できなくなった場合は、ただちに組頭（直接の上司）に届け、職場にも連絡しなければならない。そう詠んでいるのが次の歌だ。

御番日に急断《きゅうことわり》は組頭　御番所迄《まで》も早く達せよ

さて、無事職場に出勤した新入りの番衆が第一に心がけなければならないことは……。

入番は利口才覚指扣《さしひかえ》　只何事も相番に聞け

近辺《きんぺん》の相番は古番《ふるばん》へも　常にしたしく付届《つけとどけ》せよ
相番の用人家《ようにんいえ》の子《こ》たぐひにも　詞《ことば》をかけて名を知《しっ》て居《い》よ

「番入したばかりの新入り（「入番」）は、利口ぶって機転を働かせてはいけない。たとえわかっていても何事も同役の者に尋ねるようにせよ」。先輩の顔を立てよというのである。職場においてだけではない。「住居が近所の同役とは、たとえ彼が（年齢が離れた）古株であっても、日頃から親しくつきあい、のみならず盆暮れのつけ届け（贈り物）を欠かしてはならない」。

さらには「同役の用人や家来の者（「家の子」）にも親しく話しかけ、名前も覚えろ」とも。用人は旗本の家の財政その他を掌《つかさど》る重要な家来だ。同役の家来は用人から下男まで、しっかり顔と名前を覚えよという。

同役（相番）の家来にさえこれほど気を遣うのだから、上司（番頭と組頭）の家族や家来となればなおさらである。

番頭組頭又《また》伴頭の　子ども親類近付《ちかづい》て居よ

番頭組頭中用人を　書留《かきとめ》て置折《おきおり》あらば逢へ

番頭とその配下の組頭、さらにその下の伴頭。これら上司とうまくやっていくためには、「彼らの子どもや親類と親しい関係を保て」と教えている。親類までとは大変。現代のサラリーマンで、上司の親類の顔まで知っている人はいないだろう。

当然、上司の家の用人とも親密であるのに越したことはない。「番頭や組頭の用人の名を書きとめ、機会があれば積極的に面会せよ」という。

伴頭とは何か。目付や先手《さきて》鉄炮頭《てっぽうがしら》などを務めた旗本森山孝盛《たかもり》(1738―1815)の随筆『蜑《あま》の焼藻《たくも》の記』によれば、伴頭は古株の番衆の称で、一組に4人おり、勤続年数の短い番衆や新入りに対して絶大な権力を振るったという。おのずと番衆たちは伴頭に頭が上がらず、彼を神仏のように畏《おそ》れ敬ったとか。

ところで伴頭の読み方は？　バンガシラかそれともトモガシラか。残念ながら今のところ不明である。

江戸城内の番所に初めて出勤する新入りたち。彼らが同役よりも上司よりも敬わなくてはならないのは、幕府の重鎮である老中たちだった。そうはいっても、新入りの身には誰が老中だか識別できない場合も。ならばどうする。

御老中見知らぬ内の御番には　相番中も同道をせよ

御老中中腰《ちゅうごし》の時宜《じぎ》　御側衆《おそばしゅう》へ少し会釈をして通るなり

老中がそばを通ったのに、顔を知らなかったからお辞儀をしなかったでは済まされない。江戸時代の武士の世界は、今日《こんにち》想像する以上に格式や上下関係に神経質で、おのずと礼法も煩瑣《はんさ》だった。

だから「老中たちの顔をまだよく知らない新入りがお城に出勤する際には、先輩の同役が同伴するのが望ましい」。では老中に出会ったらどのようにお辞儀(歌では「時宜」)をすべきか。『番衆狂歌』は、「御老中には中腰のお辞儀をし、御側衆には軽く会釈をして通り過ぎればよい」と教えている。

「御側衆」は、将軍のそば近く仕える「奥詰め」の役職のひとつで、御側御用《ごよう》取次や平御《ひらお》側《そば》のこと。将軍に近侍《きんじ》するだけに政治的な力量は大きいが、職制的には老中よりずっと下で、御側衆へのお辞儀は老中へのそれと較べてはるかに軽かったのである。

ちなみに職場の上司（「頭衆」）とお互い馬に乗っていて出会ったときは、

頭衆は他組本組同意也《どういなり》　互《たがい》の馬上馬止《うまとめ》て時宜

「相手が他組の頭衆でも、自分が所属する組の頭衆でも同じ。馬を止めて馬上でお辞儀をすればよい」。

というと、ちょっと上司を軽んじているように思うかもしれないが、そんなことはない。次の歌を見れば、いかに上司を敬った（敬わなければならなかった）かがわかるだろう。

頭衆へ見舞《みまい》は月に一度なり　寒暑非常の見廻外《みまいほか》なり

なんと職場の上司に対しては、「月一度のご機嫌伺いのほか、寒中見舞い・暑中見舞いに参上し、さらに火事などの非常時にも見舞いを欠かすな」というのである。

前述のように、大番の場合、各組に番頭一人と組頭4人がいた。「頭衆」がこの5人すべてを指しているとすれば、上司の家に見舞いに参上する回数は、寒暑非常時の見舞いを除いても、年に60回となる(加えて伴頭にもへつらわなくてはならなかった)。

新入り諸君が職場で気を遣わなくてはならないのは、上司や老中など「偉い人」たちだけではない。荷物の運搬などをする六尺《ろくしゃく》や、各種の文書を取り次ぎ、殿中の作法に通暁《つうぎょう》した坊主衆(奥坊主・表坊主・数寄屋《すきや》坊主ほか)に対しても、それなりの気遣いが不可欠だった。彼らに「生意気な新入り」と思われたら、日々の勤務に大きな支障が生じるからである。『番衆狂歌』の著者は、この点も見落としていない。


六尺や坊主に利屈《りくつ》とがめせず　心を付《つけ》て相応にせよ

「六尺や坊主衆の言い分に理屈に合わないことがあっても、細かく咎《とが》めてはいけない。(言葉や態度に)気をつけ、彼らに応対するように(そうしないと後が怖い)」とでも意訳できるだろうか。そう、とりわけ新入りは上にも下にも気をつけ、気を遣えというのだ。

◆所持品にご注意

ところで番衆たちは、何を持って出勤したのだろうか。お供の下男に担がせる挟箱《はさみばこ》（29ページ右上）に入れておかねばならない品々とは……。

挟箱火事装束《しょうぞく》や雨具入《いれ》　上下《かみしも》着替持《もつ》が嗜《たしなみ》

「挟箱には火事のとき身につける装束や雨具を。着替えの裃《かみしも》を持参するのも身だしなみ」だという。しかしこれだけでは十分ではない。泊まり番も務める彼らは、ほかにも必需品を葛籠《つづら》に入れて職場に運ばせた。

葛籠には提灯に蝋《ろう》火事羽《ば》織《おり》　草《ぞう》履《り》わらじに小傘入

葛籠には銭百銅と干飯《ほしいい》と　筆筒火打《ふでづつ》袋にて持て

暗闇でも行動できるように照明具（提灯・蝋燭《ろうそく》）。火事を想定して火事羽織。草履や草鞋《わらじ》などの履き物。さらに銭100文と非常食(干飯)。筆入れや火打ち石まで常備すべきだというのである。

突然火事になっても、暗夜に非常事態が発生しても、うろたえないよう用意周到に。大地震に備えて防災頭巾も必要だと思うが、将軍の親衛隊である彼らが頭巾をかぶって逃げ回るわけにもいかなかったのだろう。

非常事態に備えて準備万端はいいとしても、やたら葛籠に詰め込むのは、柔弱《にゅうじゃく》なようで武士らしくない。『番衆狂歌』の著者もこの点が気になったのか、別に次のような歌も詠んでいる。

江戸始《はじめ》御二代迄は泊番《とまりばん》　具足《ぐそく》と鎗《やり》を御番所に置《おき》

「二代将軍(秀忠)の頃までは、泊まり番の番衆は具足と鎗を番所に置いていたものだ」。当時の番衆は戦時の覚悟で泊まり番を務めたというのである。

昔の人は偉かった、とは必ずしもいえないが、『番衆狂歌』が著された頃、江戸城内の番所で、天下の旗本にあるまじき行為が繰り返されていたのも事実だった。

新入りの番衆は頭を下げることばかり。

御番所も時々物が失《うせ》る也　自分々々の用心をせよ

なんと、職場（番所）ではときどき盗難事件が起きていた。だから「所持品はそれぞれが気をつけ、盗まれないように」というのである。

◆江戸の「病欠届け」

盗難にご用心。職場で物を盗まれるのは困ったものだが、それでも病に倒れるよりはましだ。たとえば職場で突然病を発症したら。

御番所の煩《わずらい》乗物ゆるさる、　相番二人付《つい》て行《ゆく》なり

病人に付《つか》ば宿所に落着《おちつか》せ　様子見届《みとどけ》頭衆へ言《いう》

「番所で病を発症したら、乗物（駕籠《かご》）で帰ってもいい。その際、同役が二人、病人を家ま

で送ることになっている」。もう一首は、「同役二人は病人を家に落ち着かせたのち、病人の様子を上司（頭衆）に報告する」と意訳できる。

ところで江戸時代の武士たちはどんな病気に悩まされていたのだろうか。

こんな漠然とした質問に明快に回答してくれる史料は、残念ながら見当たらない。疱瘡《ほうそう》（天然痘）、麻疹《ましん》（はしか）、流行性感冒（インフルエンザ）で亡くなった武士やその家族は多かったし、結核やコレラの流行にも当時の医学は対処できなかった。もちろん癌や脳卒中（脳出血・脳梗塞）が原因で亡くなった人もすくなくない。脳卒中は「中風《ちゅうふう》」の病名で、当時の史料にしばしば登場する。また庶民のあいだほど蔓延《まんえん》はしなかったが、梅毒などの性感染症にかかる武士も相当いたと想像される。

ただちに命を奪うことはなくても、疥癬《かいせん》（伝染性皮膚病）ほかさまざまな皮膚病や眼病は、健康に著しいダメージを与えていた。ビタミンB_1の欠乏によって起こる脚気《かっけ》も、白米を常食とする江戸などの都市部で広がり、将軍や大名でさえ、脚気による麻痺やむくみを免れず、症状が悪化して絶命に至るケースがすくなくなかった。

史料は見当たらないといったが、参考までに幕府の公文書『多聞櫓文書《たもんやぐら》』のなかから、幕末のある年、8月朔日《ついたち》の定例の登城日に江戸城に出仕《しゅっし》しなかった大名旗本の名を記した文書を開いてみた。なぜなら「出仕断《ことわり》」と名づけられたこの種の文書には、当日どのような理由で登城できなかったかが記され、忌中を除く理由のほとんどは彼らの「病状」だからである。

たとえば丹羽《にわ》左京大夫（陸奥国《むつのくに》二本松藩主・丹羽長国《ながくに》）は「風気《ふうき》」のため登城せず、本多美濃守（三河国《みかわのくに》岡崎藩主・本多忠民《ただもと》）は「中暑《ちゅうしょ》（暑気あたり）」、日野大学（旗本・日野資訓）は「腹痛水瀉《すいしゃ》（腹痛をともなう激しい下痢）」で、という具合だ。

このほか「腹瀉（下痢）」・「積気《しゃっき》（癪気＝胸部や腹部の痙攣《けいれん》痛）」・「風邪頭痛」・「痔疾」「積気眩暈《めまい》」・「疝積気《せんしゃく》（疝癪＝胸部や腹部あるいは腰などが急にさし込んで痛む症状の総称）」・「足痛」・「身体麻痺」・「歯痛」・「中暑腹瀉」・「留飲胸痛（留飲は胸やけ）」・「脚気」・「頭瘡《とうそう》（頭にできる皮膚病の一種。かしらかさ）」などなど。

たった一通の「出仕断」からも、当時の大名旗本の日常的な病状がうかがえるのだ。

◆死んだ主《あるじ》の手を取って

話を番衆の病気に戻そう。病になるのはしかたがないが、療養中の心得が重要になる。

病中は月額《さかやき》ならず他出《たしゅつ》せず　表向《おもてむき》をば諸事遠慮せよ

「病気療養中は、月額（月代《さかやき》）を剃らず外出も禁止。もちろん表立った交際等は万事自粛せよ」。月代は額《ひたい》から頭頂にかけての部分、あるいはその部分を剃ること。月代を剃らず髪が生えるに任せているのは、病人の証《あか》しだった。

ならば病が癒えたらただちに月代を剃っていいのだろうか。

病後には月額すらず御番前　頭《かしら》へ行《いき》て届《とどけ》して出る

快復して出勤できるようになったら、まずその旨《むね》を頭（組頭）に報告し、しかるのちに出勤する。組頭に報告に出かけるときはまだ月代を剃ってはならないというのである。

病が癒えないどころか、病状が悪化して快復のきざしが見えなくなったときの心得も歌に詠まれている。次のように。

長病《ちょうびょう》に引込《ひっこみ》居れば頭より　古番見廻《みまい》て医師を聞《きく》なり

病躰《びょうてい》の重《おも》る時には番頭を　呼びて跡目《あとめ》の願書《がんしょ》を出せ

判元《はんもと》見《み》頭伴頭参られば　麻上下《あさがみしも》を病人の側《そば》

最初の歌は、「病欠が長引くと、組頭に言われて古参の番衆が見舞いに訪れ、治療を受けている医者の名を聞く」という意味。職場の上司や先輩が見舞いかたがた病状を確かめに訪れ、さらに医者の名まで聞くというのだ。医者の名を聞くのは、病人の病状や今後の見通し、それにもまして仮病でないことを確かめるためだろう。

2番目の歌は、もはや快復の望みがないほどの重病となった場合だ。「所属する組の番頭を家に呼んで、跡目(家督)を譲りたいという願書を提出せよ」とある。

家督継承者がすでに決まっていれば問題はないが、決まっていなければただちに養子を取らなければならない。家督継承者が決まらないうちに病状が悪化して死んでしまったら、お家断絶となってしまうだろう(ちなみに当主が17歳未満で没したときも、旗本の家は原則的に断絶となった)。

なにがなんでも生きているうちに家督継承者を決定し、のみならずこれを幕府に認可してもらわなければならない。なにがなんでも生きているうちに……。

家督継承者が決まらず重病に臥《ふ》せったときは、急養子（末期《まつご》養子とも）を願い出て、急遽《きゅうきょ》養子を取るのが慣例だった。「病が重く快復は望めないので、自分が死んだら、ここに挙げた者を養子にして家を相続させることを許していただきたい」という願書である。

ただしその願書には重病の本人が判を押さなくてはならなかった。念入りなことに、それが本当に本人の判であるかどうかも見届けねばならない。その行為を「判元見届《はんもとみとどけ》」と称した。

3番目の歌は、重病で急養子願いを提出するというので「組頭と伴頭が判元見届に訪れたら、麻上下を着た者（家来）が重病の主人のそばにいるように」という意味か（『史籍集覧』では「麻上下を病人の例」となっているが、ここでは『視聴草』に従う）。

それにしてもなぜこのようなことが重要な心得として歌に詠まれたのだろうか。

実は急養子願いを提出する際に、すでに本人が病死しているケースもすくなくなかったからだ。麻上下の家来は、絶命した主人の手を取って願書に判を押す役を果たしたのである。「主人はまだ生きています。しかし重篤《じゅうとく》な病で手が震えるので、私が手を添えなければばなりません」と、判元見届に訪れた組頭や伴頭に断りながら。

もちろん彼らだって、願書を提出する病人がすでに死人であることは承知していたのであろう。暗黙の了解。こうして江戸時代の武士の家は廃絶を免れていたのである。

病気に関する歌はほかにも。

五十以上乗物御免《ごめん》なきうちは　病気の願《ねがい》一ヶ月切《きり》

「幕臣は50歳以上になると駕籠で出勤するのを許されるが、それ（＝その年になる）までは病気休暇は最長1ヵ月まで」ということ。

以上はいずれも本人が病気の際の心得だが、病気の家族を看病するケースにもふれられている。

看病の御番断《ことわり》父母妻子　其外《そのほか》の義は子細在《しさいある》なり

幕臣や藩士は、父母や妻子が病に倒れたときその看病を申し出ることができた（「看病《かんびょう》断《ことわり》」という)。いわば看病休暇。右は、父母や妻子以外の親族についても看病休暇を取れる場合があることを示唆している。

病気療養や重病の際のさまざまな心得。なかにはこんなものもある。

大病や忌中の類《たぐい》は是非もなし　小病ならば押して勤《つとめ》よ

「重病や忌中などで欠勤するのはしかたないが、少々の病なら無理をしてでも出勤せよ」。ちょっと体調がすぐれないだけで出勤しない、そんなヤワな番衆もいたようだ。

◆夜中に書類が届いたら

番衆(武官)といっても、幕府の令達《れいたつ》や上司からの連絡など、諸種の文書に接する機会はすくなくなかったであろう。『番衆狂歌』には、これら文書の扱い方について教えた歌も載っている。

仰出御触事《おおせいでおふれごと》の書付《かきつけ》は　行義《ぎょうぎ》あらため披見有《ひけんある》べし

夜中抔《など》公用廻状来《きた》る時　寝所などで見る物でなし

「幕府の令達を記した書付(文書)を見るときは、きちんとした身なりで」「夜中に職場の回覧状が届いたときも、(誰も見ていないからといって)寝床で読んだりしてはいけない」――。公文書に対する態度は、職務に対する忠実さを示すというのだ。

ほかに公務に関する回覧状(御用廻状)の内容は、何事も「扣帳《ひかえちょう》」に書き写せとある。書き写すときは、後で内容が正確に読み取れるようにきちんとした字で書けとも(「字形行義違《たがい》せず書け」)。

当然、漢字が苦手で字が下手では一人前の番衆とはいえない。一人前になるためには、武芸だけでなく、子どもの頃から読み書きと習字(手習い)をしっかり学ばねばならない。

男子をば八才以後は常袴《じょうばかま》　行儀作法を教育《おしえそだて》よ

手習《てならい》と読書の道を急《いそ》ぐべし　無筆《むひつ》無学はならぬ役人

「武士の子（男児）は、8歳（数え年。以下すべて年齢は数え年）になったら常に袴をつけさせ（身なりを正し）、行儀作法を躾《しつ》けよ」と説く歌に、習字と読み書きをおろそかにするなという歌が続く。字を正しく書けないような無教養では、文官であれ武官であれ、幕府の役人は務まらないというのである。

◆早期教育は是か非か

ところで幕臣の子どもたちは何歳くらいからどのような学習をしていたのだろうか。といってもそれぞれの親の教育方針や家庭の事情によって教育内容は違っていた。公的な小学校も中学校もなかった当時、当然のことながら同じ幕臣の家でも、教育格差は小さくなかったに違いない。

あくまで一例にすぎないと断ったうえで、徳川三卿《さんきょう》のひとつ一橋《ひとつばし》家の徒頭《かちがしら》を務めた幕臣（旗本）小野直泰《なおやす》の長男と次男のケースを見てみよう。史料は直泰の父で隠居の小野直方《なおかた》が記した記録『官府御沙汰略記《かんぷごさたりゃっき》』である（なお子どもの教育問題を含めて、小野家と親族の日々の生活については、拙著『小石川御家人物語』で詳しく紹介している）。

まず長男甚蔵《じんぞう》の場合から。

宝暦7(1757)年2月生まれの甚蔵は、同14年、数えで8歳の正月(満年齢ならまだ6歳)に、叔父でやはり幕臣の依田直啓《よだなおよし》に「手跡弟子入り《しゅせき》」をして、習字を始めた。11歳の正月に祖父直方に「読書入門」。翌年の5月までに四書《ししょ》(儒学の基本書である大学・中庸・論語・孟子の四書)の素読《そどく》を修了している。素読は漢文学習の初歩で、文章の内容は理解できなくても、とりあえず声を出して読むこと。

その後は武術の稽古に転じ、素読を終えた翌月(12歳)に徳川三卿の清水家に仕える堀江某《なにがし》のもとで剣術の稽古を始め、次いで14歳で弓術入門、16歳で馬術入門と続く。武術一辺倒ではない。この間、15歳で算術入門。幕臣の栗田某から算術を学んでいる。

次に甚蔵より3つ年下の次男千蔵《せんぞう》の場合。

7歳で依田直啓に入門して習字を始めた千蔵は、その後10歳で剣術、11歳で絵の稽古を始めている。もちろん素読も。素読は14歳で終えた。芸術の才能があったのか、それとも次男だったせいか、千蔵は絵のほかに、従兄《いとこ》の舘野《たての》忠蔵から笛を教えてもらっている。

これらのほかに、兄弟は依田直啓から鉄砲の撃ち方を伝授された。これもまたいずれ幕府に召し出されるための訓練のひとつだった。

われわれが想像する以上に、幕臣の子弟たちは、習い事で忙しい日々を送っていたようだ。

小野家の少年たちは10歳や12歳で武術の塾に通い始めたが、『番衆狂歌』では、習字と読み書きの学習は早いに越したことはないが、武術の早期教育は望ましくないと注意している。

十五才前の武術は無益なり　腕が弱くて術も叶《かな》はず

行儀作法や習字・読み書きの学習は8歳（これは数えの年齢で、満年齢では6、7歳）には始めなければならないが、武術は15歳（満13、14歳）になるまで始めてはならない。筋肉の発達が不十分な子どもに武術を鍛錬させても上達しないからだ。

子どもの心身の発達に即した教育のススメ。いい役人は合理的な教育の賜物《たまもの》なのである。これら子弟教育の心得は、新入り番衆だけでなく、武士全体に通じるものであろう。

◆お城のトイレにご用心

弁当についてもその心得が歌にされている。

弁当は九つ《ここの》迄《まで》を先といふ　八《や》つ時《どき》迄を跡といふなり

弁当（昼食）の時間は「先」と「跡」の2部に分かれ、「先」の者は九つ（正午）までに済ませ、「跡」の者は八つ時（午後2時頃）までに済ますというのである。

弁当の時間が終わると、「弁当番」の者から「火の番」にその旨を届けた。弁当には湯茶がつきもの。湯を沸かすために用いた火の後始末も大切な心得だった。

職場では食事だけでなく排泄もする。となれば、職場のトイレに入る際の注意点にもふれておかなくてはならないだろう。

御番所の大用場《だいようば》へは灯なく　下駄にてすべる用心をせよ

大用場立《たつ》とき帯がゆるまりて　脇差落《わきざしおと》す事も切々《せつせつ》

「大用場」は大便用のトイレ。「大用場には灯がないので昼でも薄暗い。そのうえトイレでは下駄を履いているので、すべるおそれがある。要注意！」と意訳できるだろう。あるいは後半部の訳は「すべらないように下駄を履け」かもしれない。当時の江戸城内のトイレの実情が明らかでないので、この点は定かでない。いずれにしろ暗くてすべりやすい、危ない場所なのである。

次は「大用場では排泄を終えて立ち上がるとき、帯がゆるんで脇差が落ちてしまうことがしばしば(「切々」)あるので、要注意！」と訳せる。

武士の魂ともいうべき脇差がどこに落ちてしまうかは説明を要さない。仮に汲み取りの際に「発見」され洗い清めたとしても、ひとたび汚物にまみれた脇差を腰に差して出勤するなど考えられないに違いない。

「あいつは糞尿に浸かった脇差を差している」なんていう噂が広がったら、家の名誉も武士の面目もまるつぶれではないか。

危険なのはトイレだけではない。火事や地震が起きたときの心得も、もちろん詠まれている。

御番日《ごばんび》に大火の有《あら》ば早出也《はやでなり》　宿近所には見合《みあわせ》をせよ

火事地震何事にても御番所を　立去《たちさ》る時は頭一等《いっとう》

「当番日に江戸市中で大火が発生したら、いつもより早く出勤せよ。ただし自宅の近くで火事が発生したら、出勤を見合わせよ」。大火の際に早めに出勤するのは、いうまでもなく江戸城を火災の混乱から守るためであり、自宅付近が火事のとき出勤しないのは、自宅を類焼から守るためである。これはわかりやすい。

2番目の歌はわかりにくい。職場(御番所)にいて火事や地震などにあったときは、まず上司から先に避難するという意味のようだが、はたしてそうか。疑問は残るがとりあえず「火事や地震の際、組頭はいちばんに避難し、新入りや平の番衆はその後で」と意訳しておこう。

◆単身赴任のメンタルヘルス

前に述べたように、大番は12組のうち2組ずつ、それぞれ大坂城と二条城の警衛のため上方で勤務することになっていた。前者を大坂在番《ざいばん》、後者を二条在番と呼ぶ。ともに勤務期間は1年で、大坂在番は8月に、二条在番は4月に交替し、江戸に帰った。

隊長の番頭は上層の旗本で、組頭と番衆も中堅の旗本だったため、身ひとつで大坂や京都に赴任したわけではない。平の番衆でも数人の家来小者《こもの》を連れていたから、住み慣れた江戸を離れ上方で1年間勤務することは、金銭的にも精神的にも負担が大きかった。おのずと『番衆狂歌』には、上方在番中の心得を詠んだものがすくなくない。

在番は相番中の悪《わる》き事　頭々《かしらがしら》の大苦労なり

「上方在番は、番衆にとって好ましくない勤めであり、とりわけ組頭にとっては苦労が大きい」という。まだしも二条城在番は宿舎（小屋場）が広いのでくつろげるが、大坂城のそれは狭かった。そのことを詠んだのが次の歌だ。

大坂の小屋割せまく一構《ひとかまえ》　何共《なんとも》なしに気せまるなり

「慣れない大坂の地で狭苦しい宿舎ですごすのは、それだけで気持ちが鬱屈《うっくつ》してしまう」というのである。

鬱屈した精神状態で1年間もつはずがない。同役のあいだで些細《ささい》な理由で諍《いさか》いが生じることもあったようだ。

相番の中にすり合事《あうこと》有れば　必《かならず》乱気すると用心

「同役のあいだにもめごと（すり合事）が起きれば、必ず乱心して大事に至るから要注意」という意味か。ならばどうすれば。

精神の安定を保つためには、何か気晴らしが必要だと教えている。

在番は碁将棊立花誹諧《ごしょうぎりっかはいかい》に　何ぞ小細工好《このみ》暮らせよ

「在番中の宿舎での退屈しのぎには、碁、将棋、華道に俳句、それと趣味の小細工がお薦《すす》めだ」。「小細工」は、手元にある材料で小さな調度や細々した物を手作りすること。現代なら、模型作りなども小細工といえる。

家族と離れて暮らす単身赴任（といっても多くは家来や下男がついてきたから、正確には単身ではないのだが）のすごし方については、江戸後期の経済思想家として知られる海保青陵《かいほせいりょう》（1755―1817）も『東贐《あずまのはなむけ》』でふれているので、ご紹介しよう。

『東贐』は、近く江戸詰めとなる予定の加賀国金沢藩士の富永某のために、文化2（1805）年に書かれたもの。このなかで青陵は江戸暮らしのコツを懇切丁寧《こんせつていねい》に伝授している。そのひとつに藩の宿舎でのすごし方もある。男所帯で殺風景な宿舎でどのようにすごすべきか、青陵は次のように教えている。

在番は暇なるものゆへ、朝寝をすること、これまた世の風俗なり。暇なるものゆへ朝起をすること智なり。暇なるものゆへ何芸なりともして忙しくすること智なり。暇なれば日月も長く、退屈して鬱するなり。忙しければ在番の困《くる》しみも忘れて、五月や十月はつい経つなり。

意訳してみよう。

――江戸在番の暮らしは総じて暇なので、朝寝をするのが普通だ（しかしそれが普通だからといって、朝遅くまで寝ていてはいけない）。たとえ暇でも、朝早く起きるのが知恵のある者である。暇だからこそ、なんの芸(趣味)であれ、熱中して忙しくすごすのが智者というものだ。暇だと月日の経つのが長く感じられ、どうしても心が鬱屈しがちである。趣味に熱中して忙しく日を送れば、在番のつらさも忘れ、5ヵ月や10ヵ月はあっという間に過ぎてしまうだろう——。

芸(趣味)といってもいろいろだが、青陵は書画(書と絵)がいちばんだと述べている。在番中はどうしても外出する機会がすくなくなり、食事をしても消化が悪くなりがちだ。だからといって、いつも武術の稽古に励んでばかりもいられない。その点、書道や絵画は家にいながら適度な運動になるので、腹ごなしにも最適だという。

そう、青陵が勧める書画とは、書画の観賞でも蒐集《しゅうしゅう》(コレクション)でもなく、自ら筆を取って字を書き絵を描くこと。それがどれほど運動になるか、青陵は「一枚唐紙《からかみ》に山水などを書けば、遠方へ歩行するより腹へりてこなる丶なり」と書いている。一枚の唐紙(唐紙障子か)に山水画を描くだけで、徒歩で遠くへ出かける以上の運動になるというのである。

青陵はまた「身を養ふは金銀いるなり。心を養ふは金銀はいらず、智慧がいるなり」と述べている。家族と離れた長い江戸勤務で心をくじけさせないためには、お金より知恵、自分に合った趣味にふけることで退屈(さびしさ)をまぎらす知恵が不可欠だという意味だろう。現代の単身赴任者にも通じる教訓である。

さて、気晴らしが必要なのは、番衆本人だけではない。

下々《しもじも》も何《なん》ぞ細工をさせてよし　碁盤《ごばん》を借《かり》て置《おく》人も有

江戸から連れてきた家来や下男だって、慣れない上方の地で気が鬱するのは同じ。「彼らにも暇なとき小細工でもさせれば気晴らしになる。番衆のなかには家来や下男のために碁盤を借りて置く人もいる」。

もちろん休暇も与えなければならない。

下々を月に一度は暇《いとま》やれ　使《つかい》に出《いで》て脇よりをせず

「下々の者だからといって月に一度くらい休暇をやらないと、使いに出されたとき私用で寄り道をしがちになる」からだ。

そう、家来や下男ら「下々」をいかに使うかで、在番中の日々に大きな差が生じる。誰を連れていくか、家来や下男の人選も大切だ。

在番を好む下々連行《つれゆく》な　巧者《こうしゃ》ぶりして悪事するなり

京や大坂の在番に従うのを喜ぶような家来や下男は要注意。そういう連中は上方でも要領よくふるまい、うわべは役に立つように見えるが、実は悪事を企んでいる場合が多い。ではどのような者が好ましいのか。『番衆狂歌』の作者は、「百姓類《ひゃくしょうのたぐい》」で「実躰《じってい》」な者を連れていくよう勧めている。都会の水に染まっていない実直な者が、気は利かないが安心して雇用できるというのだろう。

◆金銭トラブル起こすべからず

二条城であれ大坂城であれ、上方在番中は現地の町人からさまざまな品を購入する。当然、その代金を支払わなくてはならない。問題は支払いが遅れたり支払い不能になったとき。特に初めての在番のときは、現地の事情に暗いから要注意だという。

初番《はつばん》にうかと町人近付《ちかづけ》な　毎日も来て勝手費《つい》えぞ

勝手用当座払《とうざばらい》か月払《つきばらい》　遅く払へば物が高直《こうじき》

「初めての在番のとき、うっかり出入りの町人と親しくなると、毎日やって来て、そのたびに物を買わされることになる」。

町人に心を許すな。と同時に「買い物をするときは、その場で代金を払うか、月ごとの支払いにするように。支払いが長引けばそれだけ金額が大きくなる」とも。

金銭トラブルが起きるのは、1年間の在番を終えて江戸へ向けて出立《しゅったつ》するときだ。代金の未払いがあれば、天下の旗本といっても町人たちは容赦してくれない。代金の支払いを激しく迫るに違いない。

下り前仕廻兼《しまいかね》るは大恥よ　下々迄も買懸《かいがか》りすな

前方《まえかた》に諸事の払を仕廻《しまい》も　町人どもの済手形取《すみてがたとれ》

「江戸へ帰る（「下る」）直前になって未払いの金があったら、大恥をかくぞ。番衆本人だけでなく、家来や下男も掛け（後日払い）で買い物をしてはいけない」。さらに「支払いを済ませた際には、町人たちから受取証文を取れ」とも。

さて、どうしても払えないときはどうすればよいか。

買懸り払い足らずば前方《まえかた》に　相対《あいたい》をして借手形《かりてがた》やれ

「掛け買いの支払いができなければ、江戸へ立つ前に町人と交渉し、未払い分を借金にして借金証文を渡せばよい」と意訳できるだろう。そんな手続きもせず、未払いのまま黙って出立しようとしたら……。それこそ大恥をかくことになる。

払方不埒《はらいかたふらち》にすれば代日《かわりび》に　大手先にて駕籠を押《おさ》へる

「代日」とは、在番期間を終えて、江戸から来た番衆と在番を交替する日のことか。町人に払いを済まさないまま、駕籠に身を隠してこっそり城を出ようとしても、大手門を出たところで、待ち構えていた町人(債権者)に駕籠を止められ、「金を払え!」と激しく請求されるというのだろう。まさに大恥。

◆転勤の光と陰

慣れない環境と退屈で気持ちが鬱屈するのみか、思わぬ散財やその結果としての金銭トラブルが絶えない上方在番。

しかし悪いことだけではない。江戸ではうかがい知れなかった上司や同役の本性《ほんしょう》に接することができるのも、利点のひとつだった。

在番は人の器量や勝手向《かってむき》　見へ《え》すく様に知れる小屋中

隣り合った狭い小屋(宿舎)で1年間もすごすと、おのずと人柄や能力そして暮らし向き(経済状態)まで見えてくるという意味だろう。

その結果、以前にもまして仲が悪くなる場合もあったが、互いの理解が深まり固い絆が生まれることもすくなくなかった。

頭相番の事家来　何の苦労も咄せ相番

頭相番の事《こと》家来　何《なん》の苦労も咄《はな》せ相番

「上司や同役たち、あるいは言うことを聞かない家来に対する不満や愚痴など、困ったことはなんでも気の合う同役に相談せよ」という。在番の1年間は、同時に親友を作る絶好のチャンスというのである。

ここですこし気分を変えて、先手鉄炮頭《てっぽうがしら》や鎗奉行などを歴任した旗本、天野長重《ながしげ》（1621―1705）が著した『思忠志集《しちゅうししゅう》』という史料を開いてみよう。

『思忠志集』には、貞享《じょうきょう》元（1684）年7月、長重の従弟にあたる（母の弟である大河内重綱の子）大河内政真《まさざね》が大坂在番として赴任する際に、長重が政真に書き与えた注意書が書きとめられている（なおこの注意書については、かつて拙著『元禄養老夜話』で取り上げたことがある。以下の内容は同書の記述とすくなからず重なるが、大坂在番中の暮らしに関する珍しい記述なので、ここで再度紹介したい）。

長重は当時64歳で、先手鉄炮頭。政真は22歳、前の年に大番に番入したばかりで、当然初めての大坂在番だった。
そんな初々《ういうい》しい政真に、幕臣として経験豊富な長重はどのような注意を与えただろうか。主な内容を意訳してみると……。

京や大坂の者たち、なかでも風俗営業の者たちは、言葉では尽くし難いほど商売上手だから、だまされぬよう気をつけなさい。また初めて赴任した者は先輩たちからいろいろとイジメられるものだ。イジメられてもあまり気にせず、ゆったり構えていないと体がもたないぞ。取付《とっつき》のいい人(初対面なのに親切でなれなれしい人)というのも、概して本性が悪いから、これにも要注意だ。

ほかにも大坂で詐欺にあわないよう買い物の代金の支払い方法を伝授したり、政真の組の大番頭の松平主計頭《かずえのかみ》に手紙を書いたり。
長重はまたこんな忠告もしている(まずは原文で)。

隣の能人《よきひと》専《もっぱ》らに候《そうら》へ共《ども》、小屋割左様《さよう》にも成るまじく候。言立《ことた》てらるは、隣より主人の留守には家来ざま々々《ざま》なる事有など万《よろず》に軽き事を重く云《いい》、なき事をも言立てらる由に候侭《そうろうまま》、挨拶わろくなき様《よう》に大抵然るべき事。

意訳すると、——大坂在番の小屋（宿舎）の隣人が常識的な人なら問題はないが、必ずしもそうなるとは限らない。（隣人が悪いと）「お宅の家来が主人の留守中に騒いでやかましい」など、些細《ささい》なことを大袈裟に言ったり、ありもしないことにまで苦情を並べるものだ（これでは宿舎に帰っても休養もとれない）。だから隣人にはくれぐれも気をつけ、挨拶を欠かさず応対もできるだけ丁寧に心がけなさい——。

いや、どんなに気を配っても、なかにはとんでもない隣人（すなわち同役）がいたらしい。長重は政真に「隣の屏に衣類などかけて置き、態《わざと》とられ公事《くじ》を懸《かけ》るも之《これ》有る事」と書き与えている。

なんと、宿舎の境の塀に衣服をひっかけておいて、紛失すると、隣の者に盗まれたと主張して当方を訴える悪意に満ちた隣人もいるというのだ。

『番衆狂歌』に上方在番中の注意がすくなからず含まれていたのも、このような情けない現実があったからであろう。大番衆のなかには「それでも武士か！　それでも男か！」と思わず罵声《ばせい》を浴びせたくなるような連中がいたのである。

◆それでもその身は戦士なり

以上、大番衆を中心に江戸の幕臣の心得を見てきたが、「これは、幕府の役人としての心得であって、武士としての心得とは言えないのでは」と感じた読者も多いに違いない。『番衆狂歌』には、「御軍用」と題して番衆の戦時の装備を詠んだ歌が29首載っているが、これらはあくまで外面的な事柄で、武士の精神（戦士の心得）を説いたものではない。ほかに「武士」の語を用いた歌が3首あり、あえて挙げるとすれば、これらが「武士」マニュアルといえるだろう。

遊芸《ゆうげい》は其《その》職人にさせてみよ　武士の自身にする物でなし

弓馬事御用勤《つとめ》る面々は　武士の本意に叶ふ人也

間違《まちごう》ふてたとへ若党連《つれ》ず共　鑓《やり》一本を放さぬが武士

言わんとしていることは明瞭だ。

武士の本領はあくまで武芸。武芸以外の諸芸（遊芸）はそれぞれの専門家に任せ、武士が自身で行ってはならない。戦士として奉公する番衆こそが武士の本流であり、武士たる者は、たとえ若党を従えていなくても、鑓だけは離してはならない（単身でも戦う気概を！）、というのである。

とはいえ『番衆狂歌』（『視聴草』所収）全288首のなかに、武士マニュアルらしきものがわずか3首とは、ちょっとさびしい。

が、さびしがってもしかたない。江戸中期以降は維新の争乱に至るまで戦争はなく、したがって武士は武官と文官の別なく、優れた役人になることをめざしたからだ。

いくら武芸に励んでも、実戦で技を発揮する機会は訪れず、おのずと武士の心得も、職場における気配りや気遣いに重きが置かれるようになったのである。

第2章

戦士マニュアル

――『卜伝百首』

◆剣客が遺した実戦マニュアル

もっと武士らしい武士の心得を！　そう望むならば、『番衆狂歌』が著された18世紀から時代をさかのぼって、武士がまぎれもない戦士であった戦国の世の武士マニュアルをひもとかなければならない。

はたして適当な史料があるだろうか。とりあえず見つけたのが『卜伝百首《ぼくでん》』。戦国時代の剣客として名高い塚原卜伝（名は高幹《たかもと》。1489―1571）が、後進（初心者）のために武士の心得を100首（現存は97首）の歌に詠《よ》んだものである。

『卜伝百首』は、卜伝の没年の元亀《げんき》2（1571）年に加藤相模守信俊が書写して後世に伝えられた。常陸国《ひたちのくに》（現在の茨城県）鹿島《かしま》の地で誕生し、新当流《しんとうりゅう》を起こして諸国を武者修行した塚原卜伝は、生涯に19回の真剣勝負、戦場で三十数回の実戦を経験した強者だった。真剣勝負は全戦全勝。戦場でも一度も不覚をとらなかったと伝えられている。

『卜伝百首』には、職場の上司や同僚に対する気遣いや金銭トラブルを避けるための心得など、『番衆狂歌』で見られた現代人にも理解できる（親しみやすい）心得はひとつもない。卜伝が述べているのは、戦いの場で敵を討ち倒すにはどうすればいいかという一点。純粋に戦う男として、相手を殺傷するための実戦マニュアルが詠まれているのである。

実のところ、『卜伝百首』が本当に塚原卜伝の作であるかどうかは、明らかでない（そもそも卜伝の生涯そのものが伝説に彩られている）。とはいえ、『卜伝百首』が、塚原卜伝に代表される当時の武芸者の基本的心得であることに変わりはないだろう。

◆小さい馬、新しい武器はならぬ

『卜伝百首』の前半は、弓馬《きゅうば》・太刀・鑓《やり》・鎧《よろい》など、戦いに不可欠な馬や武具についてのごく具体的な教えの数々である。

最初は弓矢について詠んだ歌から挙げてみよう（なお『卜伝百首』は『史籍集覧』に翻刻されている。以下、片仮名を平仮名に改め、適宜漢字を補って紹介する）。

弓はただ己《おの》が力にまかすべし　手に余りたる弓な好みそ

夏冬に好む矢の根あるものを　知らぬは射手《いて》の不覚なるべし

「自分の力量に合った強さの弓をひけ。十分にひけないような強弓《ごうきゅう》を好んではならない」

というのはまさに実戦向きの教えだ。「夏と冬では使用する矢の根（矢の先に付ける鏃《やじり》）が違うぞ」というのも実戦経験で得た知恵だろう。次は馬。

武士《もののふ》のその名をあぐるためしには　昔も今も馬をこそいへ

武士の鎧の下に乗る馬は　くせ有るとても強き好めり

乗下《のりお》りと又あつかひの安きとて　小馬を好む人は拙《つたな》し

山内一豊《やまうちかずとよ》の妻の故事（駿馬《しゅんめ》をほしがる夫のために、嫁入りの際に実家の父からもらった大金を渡した内助の功）をひくまでもなく、武士の乗る馬は駿馬であるのに越したことはない。では、戦場ではどのような馬が望ましいのか。「鎧を身につけて乗る馬は、少々くせ馬（癖があって乗りにくい馬）でも、強靱《きょうじん》な馬がいい」。にもかかわらず「乗り降りが容易で扱いやすいからといって、小さな馬を好むのは、駄目な武士」なのだ。

刀については、鍔《つば》や柄《つか》、目貫《めぬき》などについても知っておくべき知識を教授している。

切るゝとて新身《あらみ》の太刀を帯人《おぶ》は　必ず不覚ありと知るべし

鍔はただ太きにしくはなきものを　細きを好む人ぞ拙き

新鍔《あらつば》は如何《いか》に厚くも切れぬべし　たとへ薄きも古き好めり

柄《つか》はただ皮にまされるものはなし　糸にて巻けば濡れてかわかぬ

「切れ味がいいからといって新身（新しく鍛えた太刀や刀）を好んで腰に差す人は、いざというときに必ず失敗するものだ」。

新品には要注意。それは鍔についても同じ。鍔の鉄は厚いに越したことはないが、「いくら厚くても、新品は断ち切られてしまう。対照的に古い鍔は薄くても切れにくい」という。

柄については、「柄は皮で巻くのがいちばんだ。なぜなら糸で巻くと乾きにくく」、手元がすべって不覚を取るおそれがあるから。

刀身が柄から抜けないように刀身と柄を貫く目貫についても……。

目貫にはゆゆしき習有《ならいある》ものを　知らで打つこそ拙かりけり

目釘の打ち方の技術はたいそう奥深いものだ。それを知らずに自己流で打つようでは、武士として失格である。

◆仰向けで寝てはならない

長刀《なぎなた》や鎗については省略して、武具の部の最後に鎧の歌を挙げてみよう。

鎧をばその色々におどすとも　ただ手軽きにしくはあらじな

心ある昔の人の着し鎧　胸板ばかりされ厚くせり

いつとても鎧の下の膚巻《はだまき》は　綿入る絹にしくなかりけり

日本の伝統的な鎧は、「さね(札)」と呼ばれる革製・鉄製の細長い板を、糸や革で連結して作られた。「さね」をつなぐ糸や革が「おどし(威)」で、「おどし」はさまざまな色に染められた。このためわが国の鎧は、武具であるばかりでなく、優れた美術工芸品に仕上がったのである。

戦場で身につける鎧が色鮮やかで美しいのは、武士の誉《ほま》れとして重要なことかもしれない。卜伝の歌もそれを否定しない。しかし見た目が色鮮やかなだけは駄目。「鎧は、なにより軽くて動きやすく(戦いやすく)なければ」というのだ。

実戦経験豊かな往昔《おうせき》の武士(「心ある昔の人」)が身につけていた鎧の特徴にもふれている。それは胸部を守る「胸板」に用いる「さね」がほかより厚いこと。

さらに鎧の下に着る膚巻(ふんどし)についても。「綿入る絹」がどのようなものか、残念ながら私にはよくわからない。

ところで武具といえば、就寝のとき刀をどこに置くべきかを教える歌も見える。

置刀《おきがたな》夏は枕に冬は脇　春秋ならばとにもかくにも

「夏は枕元、冬ならわが身の脇（横）に。春や秋には特に定めはない」という意味だろう。寝床の中でも夜襲など非常事態への備えを怠らないのが武士の心得。夏はすぐ手が届く枕元に刀を置き、寝具で体が覆われて枕元に瞬時に手を伸ばすのが難しい冬は、刀を体の横に置いて、侵入者に備えろというのである。

武士は寝ているあいだも緊張を保たなければならないというわけ。当然、ゆるみ切った姿勢で寝ることも許されない。

武士の足ふみのべてあほ《お》むきに　寝ては勝負に勝たぬものかな

「武士たる者は、足を伸ばして仰向きに寝てはならない。そんな緊張感のない者では勝負には勝てないぞ」と訳せる。いくら豪快でも、高鼾《たかいびき》で爆睡するようでは正真正銘の武士とはいえないということか。

◆1日2食、理想は湯漬

寝姿だけでなく、武士は食事にも特別の心得が必要だ。といっても栄養のバランスやカロリー量に気をつけろというのではない。

武士は妄《みだ》りに食をせぬぞよき　日に二度ならで好《この》ばしすな

武士の軍《いくさ》の場に出《いず》る時　湯漬《ゆづけ》にしくはなきと知るべし

武士は1日2食。3食目をとってはならない。回数だけでなく出陣の際にとる食事の内容まで歌に詠んでいるのは、さすがに戦士のマニュアルだ。

いざ出陣というときは、飯に湯をかけただけの「湯漬」に限るという。

いや、出陣のときだけではない。『卜伝百首』には「武士の味ひ好《あじわいごのみ》するなただ　常に湯漬を食するぞよき」という歌も。「武士はいつも湯漬を食べよ」というのだが、まさかそれだけでは栄養不足になってしまう。要は美食を好まず質素な食事を、ということだろう。

戦場の携帯食にもふれているので、これも挙げておこう。

武士の冬の軍に炒豆《いりまめ》を　持《もた》ずば不覚兼《かね》て知るべし

武士の軍の場に持つ物は　梅干にます物はあらじな

はじめの歌は『史籍集覧』では「もの丶ふの冬の軍に炒豆を　持たずば不覚えては有《ある》べし」。ここでは『視聴草《みききぐさ》』収録のものを採用した。

冬場の戦場には炒り豆を忘れず携帯せよ。季節の別なく梅干は戦場の必需品だという。

◆極限状態の梅干・胡椒・唐辛子

持ち運びやすいうえに栄養価に富む炒り豆が戦場の携帯食として優れているのは誰にでも頷ける。では梅干の場合は？

梅干が戦場でいかに重宝《ちょうほう》されたかは、17世紀後半に書かれた『雑兵物語《ぞうひょうものがたり》』（著者不詳。一説には松平信綱《のぶつな》の五男の信興《のぶおき》とも）で、鉄炮《てっぽう》足軽小頭の朝日出右衛門《いでえもん》（もちろん本名ではない）に次のように語らせていることからもわかる。

息が切《きれ》べいならば、打飼《うちかい》（旅行や戦場に携行する食糧袋。打飼袋）の底に入《いれ》て置《おい》た梅干をとん出して、ちよと見ろ。必《かならず》なめもしなひもんだぞ。くらふ事は扨置《さておき》、なめても喉

がかわく物だ程に

「戦場で動き回って息が切れたら、梅干を食糧袋の底から取り出してチラリと見ろ（それだけで息が切れたときの薬になる）。ただし、けっしてなめてはいけない。なめても喉が渇くだけだ」と訳せるだろう。

『雑兵物語』は、右の引用からもわかるように、当時の東国方言の話し言葉で、身分の低い雑兵たちに、戦場におけるさまざまな体験やそれから得た知恵を語らせている。『卜伝百首』が、戦う武士たちの心得だとすれば、『雑兵物語』は彼らの配下で戦場の現実を体験した歩卒たちの生々しい談話にほかならない。それだけに『雑兵物語』では梅干だけでなく、戦場に欠かせない胡椒の粒と唐辛子にもふれられている。

胡椒粒は寒気からも熱気からも体を守ってくれるし（「朝一粒づゝかじれば、ひへにも熱にもあてられない物だ」）、唐辛子を押しつぶして尻から足の爪先まで塗れば、凍えないで済む。ただし胡椒の粒は、見るだけで効果があるため一粒あれば済む梅干と違い、毎日一粒は必要だし、唐辛子は塗る手が間違って目にふれたら大変なことに。言うまでもなく、目玉がうずいて耐えられないからだ。

胡椒といえば、山本常朝《つねとも》（1659—1719）の著とされる『老士物語之ヶ条覚書《ろうしものがたりのかじょうおぼえがき》』（詳細は後述）にも、武士が懐中に入れておくべき物として、「もくさ（灸に用いる艾《もぐさ》）」、「気付（気付け薬）」、「血留《ちどめ》（止血薬）」などと共に「粒胡椒」が挙げられている。胡椒は、冷えや腹痛・下痢・嘔吐の携帯薬として用いられていた。

『雑兵物語』の記述はまた、武士や雑兵が戦った戦場の陰惨な場面を伝えている点でも貴重である。一例だけ紹介しよう。

息切れがしたので梅干を見た雑兵が、喉が渇いてしまったときはどうすればいいか。朝日出右衛門は、なんとこう語っている。

梅乾《うめぼし》を見ても又喉がかわくべいならば、死人《しひと》の血でも、又はどろのすんだ上水《うわみず》でもす丶つて居《い》なされ。

梅干を見て喉が渇いたら、戦場に転がっている死体の血や泥水の上澄みをすすって渇いた喉を潤せばいいというのである。

まさに極限状態に置かれた者のマニュアルではないか。『卜伝百首』にはこれほどあからさまに書かれていないが、その背景にあった現実に大きな違いはなかったであろう。

◆酸鼻《さんび》極めた戦国の作法

戦時の極限状態がもたらした陰惨な事例は、秋田藩士人見蕉雨《ひとみしょうう》(1761―1804)の随筆『黒甜瑣語《こくてんさご》』にも見える。

悪趣味なと思われるかもしれないが、戦争が人に、平和時には想像もつかないような行動をとらせる一例として挙げておこう。

それは慶長20(1615)年の大坂夏の陣の際に、京都九条の旅店の主人によって目撃された、世にも恐ろしい光景である。

当時、敗色濃厚になった豊臣方の大坂城からは、毎夜のように城を抜け出す武者の姿があった。ある日の明け方、旅店の主人は、大坂城を逃げ出したとおぼしき武者が、雇った馬夫《ばふ》(馬方)と次のような会話を交わすのを耳にした。

武者「おまえはもう朝飯を済ませたのか」
馬夫「朝飯を食べ終えぬうちにお侍さまがせかしたので、食後の湯も飲まずにそそくさと出てきました」

その後で、主人は「ざつぷり」という音と人が「ウン」と倒れる音を耳にした。武者が馬夫を斬り殺したと思った主人は戸の隙間から外の様子をのぞいた。主人の眼に入ってきたのは……。

かの武者、馬夫を胴切《どうぎり》にして腹中をかきさがし、いま食ひしと云ふ飯をすくひ取り、血をしたてて屠《ほふ》り居たり。

飢えた武者は馬夫の胴体を真っ二つに斬って、馬夫の腹の中から、食べたばかりの飯をかき出してむさぼり食っていた、というのだ。人見蕉雨によれば、この話は、秋田藩の藩校明徳館《めいとくかん》の教授を務める細井煕斎《きさい》が、京都で伝えられている話として語ったものだという。話がどこまで真実なのかは定かでないが、飢餓も極限に至ると、このような行為もあり得るとして長く語り継がれたのであろう。この話に較べれば、戦場で喉の渇きは死体の血で潤せという『雑兵物語』のマニュアルも、それほど異常なものと思えなくなる。

飢餓がもたらす極限的行為といえば、『黒甜瑣語』には、「人肉の調菜《ちょうさい》」と題して、出羽国の馬鞍《まぐら》城で籠城《ろうじょう》中に兵糧《ひょうろう》が尽きたとき、城将の命令で死骸の人肉を食した話も載っている。寄り道ついでにこの話もご紹介しよう。

馬鞍城を守っていた武将の能登守《のとのかみ》信景（延沢満延《のぶさわみつのぶ》。１５４４―91）は、城内の飢えた者たちに次のように発破《はっぱ》をかけた。

奥羽の山中に住まんもの、煖《だん》に五穀の食物を望まんや。野猪山鹿《やちょさんが》こそ平日の兼味《けんみ》なるべし。牛馬人肉を屠《ほふ》れよ。

「東北の山中に住む者が、どうして暖かい衣服や穀物を望むことがあろう（望んでも容易に得られないのだから）。野山の猪や鹿がいつもの食物だ。（飢えたら）牛馬や人の死骸を切り裂いて食らえばいいのだ」と意訳できるだろう。

能登守の言葉を受けて、城内の者たちは、腐乱した牛馬や人の死骸から肉を切り集め、これを食べて籠城を続けたという。

絶句。とはいえこれもまた戦《いくさ》に明け暮れた時代の現実の一端だったに違いない。戦士としての武士は、江戸時代のサラリーマン的な武士からは想像もつかないほど、血にまみれていた。殺戮《さつりく》と流血のなかで生き続ける知恵こそが、彼らにとって最重要のマニュアル（武士の作法）だったのである。

◆究極の心得は死の一字

戦国期はもとより、いまだ戦国の余韻《よいん》が抜け切らない江戸初期（17世紀初期）においても、武士はさまざまな身の危険にさらされた。武士の間の私闘（喧嘩）、復讐（敵討《かたきう》ち）、あるいは衆道《しゅどう》のもつれ（男色の対象となった美少年をめぐる恋の鞘当《さやあ》て）などが原因で。

おのずと彼らは体を鍛錬し武芸を磨かなければならなかった。頑丈な体と殺傷の技（武芸）に優れていなければ、いつ襲いかかるかもしれない危機からわが身を守ることができなかったからだ。当然『卜伝百首』も、武士たる者は体と武芸を日常的に鍛錬せよと教えている。

武士《もののふ》は暑き寒きの分《わか》ちなく　野山をかけて身を懲《こ》らすべし

武士は力遊《ちからあそび》を常にせよ　さらずば筋の伸びたるむべし

「武士は暑さ寒さを厭《いと》わず、野山を駆け回って体を鍛えよ」「武士は常に筋肉を鍛えるような遊びを楽しめ。そうしないと筋肉はすぐに衰えてしまうぞ」という意味だろう。起伏の大きい野山を走って体をいじめろとか、「力遊(力くらべ)」で筋力を増進しろとか。まるでアスリートのような日常を送れというのである。なまじ武芸の技を学ぶより、なにより体を頑丈に。まさに実戦に即した教えではないか。

同様に、集中力も実戦の場では不可欠だ。

武士の勝負の場に出る時　跡《あと》と左右に心散《ちら》すな

「真剣勝負のときは、背後や左右を気にせずひたすら眼前の敵に神経を集中させろ」。猪突猛進を勧めているわけではない。それくらい集中しなければ、一対一の勝負であっても、相手は容易に倒せないぞ、という教えだろう。

とはいえ、目の前の相手に集中する捨て身の戦い方では、背後左右の敵に襲われて命を落とすかもしれない。それでもいい。命を落としても構わないと『卜伝百首』は教える。「武士の生死二つ打捨《うちすて》て　進む心にしく事はなし」というのだ。ほかにこんな歌も。

武士の心の内に死の一つ　忘れざりせば不覚あらじな

武士の学ぶ教《おしえ》は押並《おしなべ》て　その究《きわみ》には死の一つなり

死を運命として受け入れ、死を恐れるな。武士が学ぶべき究極の心得は死の一字だというのである。

武士の究極は戦って死ぬことだという思想は、18世紀に成立した『葉隠《はがくれ》』の「武士道と云《いう》は死ぬ事と見付《みつけ》たり」や、幕末の旗本川路聖謨《かわじとしあきら》の、武士とは「人殺し奉公死に役」という言葉に受け継がれていく。

◆危険だらけの道歩き

死を恐れるな！といっても、闇討ちや不意打ちにあって非業《ひごう》の最期を遂げるのは、武士にとって不名誉だし、不本意このうえない。

武士たる者、そのような危険には常に警戒を怠ってはならないが、とりわけ外出して往来(道)を歩いているときは要注意。いつどこから凶刃《きょうじん》を浴びせられるかもしれないからだ。道を歩くときにも、武士には特別の心得があった。たとえば次のような。

武士の道行《みちゆく》時に逢ふ人の　右は通らぬものと知るべし

武士の道行連れのある時は　いつも人をば右に見て行け

武士の道行時に曲角　よけて通るぞ心ありける

「道を歩くときは、向こうから来る者の右側を通ってはいけない」。また「道連れと歩く場合は、その者が自分の右側を歩くようにせよ」という。

理由は簡単だ。刀は左腰に差し右手で抜く。道ですれ違うとき、相手の左側を通れば、お互い抜き打ちにあいにくく、二人連れで同じ方向に向かって歩いている場合は、相手の左側にいれば相手が刀を抜こうとするのを容易に察知できるだろう(だから斬られにくい)。曲がり角をよけて通るのも護身の用心。曲がり角の死角に待ち伏せしている者に突然斬りかかられるのを避けるためである。

外出は昼でも危険なのだから、闇夜のそれがいかに危ないものだったかは、現代人の想像を絶する。当然、『卜伝百首』にも夜道を歩く際の心得がある。

武士の夜の道には灯《ともしび》を　中に持たせて端《はし》を行くべし

いまひとつ情景が明らかでないが、供の者に灯を持たせて武士が夜道を行くときの心得を詠んだものと思われる。

供の者に道の中央を歩かせて路面を照らし、武士自身は道の端を歩けというのだ。理由は、やはり待ち伏せしている敵に姿が見えにくくするためであろう。武士が身を隠すようにコソコソ道の端を歩いている様子は、なんだか格好悪いが、夜討ちにあって命を落とすよりはましということか。

夜道の歩き方については、しかしまったく正反対の心得を説いた武士マニュアルがのちに著されている。

安永元(1772)年に著された『天野武太夫調進書《ちょうしんしょ》』(天野武太夫が何者なのか、残念ながらわからない)には、「夜行心得ノ事」と題して、次のように記されている。原文を意訳してご紹介しよう。

　夜行(夜間の外出)の際に注意すべき事は、昔の書物にも記されているが、とにかく怪しいところは通らないようにし、道は脇(端)を歩かず真ん中を行くべきである。なぜなら、脇を行くと、忍びの者や怪しい者と間違えられるおそれがあるから。

なるほどこれも一理ある。

『天野武太夫調進書』と『卜伝百首』の教えとの違いは、道の端を歩くべきか中央を歩くべきかという点だけではない。

『卜伝百首』が、武士たる者は常に敵に襲われる危険を抱えていた当時の現実を反映しているのに対し、『天野武太夫調進書』では、怪しい者と間違えられるのはまっぴら御免という気持ちが見えみえ。そこには、なんとしてもトラブルを避けたいという泰平の世の武士の気分が顕著に読み取れる。

◆女性に心を許すな

武具についての蘊蓄《うんちく》から、梅干の効用、道の歩き方まで。『卜伝百首』には初心者の武士のための多彩な知恵が盛り込まれている。

なかでもひときわ特徴的なのは、女性に対する心得だ。武士の世界、とりわけ戦国から江戸初期までの武士の世界では、女性に対して極端に冷淡であることが武士の重要な心得とされていたらしい。

『卜伝百首』は、「女」について次のように詠んでいる。

武士《もののふ》は女に染まぬ心もて　これぞ誉《ほま》れの教《おしえ》なりける

武士の児《ちご》や女に戯れて　心おくれぬ事はあらじな

武士の月額《さかやき》を剃る剃刀《かみそり》を　かりにも女の手にも取らすな

武士は女性になじんではならない。女性や児（稚児とも。男色の相手をさせる少年）と戯れていたら、必ず気分がたるんで死を恐れ、武士の本分を発揮できないぞ――。

ここまでならまだしも、月額を剃るときに女性には剃刀を触らせてもいけないというのはひどい。徹底した女性不信、女性排除の信念があからさまに述べられているのである。

武士に限らず、江戸時代には「女を信じてはいけない」とする教訓がさまざまな表現で語られていた。

仮名草子《かなぞうし》の『可笑記《かしょうき》』（1642年刊）は、人の心は変わりやすくて信じ難いが、とりわけ女性には心を許せない（「取分《とりわけ》女をゆるす事なかれ」）と説いているし、ほかに「7人の子をなすほど長く連れ添った女でも、心を許してはならない」という意味の諺《ことわざ》も諸書に見える。

武士が警戒したのは妻だけではなかった。肥前国《ひぜんのくに》佐賀藩士山本常朝の出家後の談話を田代陣基《つらもと》がまとめた『葉隠』には、常朝の父が語ったというこんな言葉が記されている。

娘の子は育立《そだた》ぬがよし。名に疵《きず》を付《つけ》、親に恥をかかすること有《あり》。嫡女《ちゃくじょ》などは格別、其《その》外《ほか》は捨可申《すてもうすべし》。

なんと(正妻が生んだ)長女以外は、娘は育てずに捨てたほうがいいというのだ。どうやら親の目を盗んで男と密通し、家名を汚すことを恐れたらしい。それにしても……。

もうひとつ、例を挙げておこう。

信濃国《しなののくに》松代藩の初代藩主、真田信之《のぶゆき》(1566—1658)について、『真田家御事蹟稿《じせき》』はこんな逸事を伝えている。

——ある夜、信之が近習《きんじゅう》を従えて長局《ながつぼね》(愛妾の住まい)を訪れようとしたところ、長局に忍び込んでいた男があわてて逃げ出そうとするのを目撃した。近習が男を追いかけようとしたが、信之はこれを制止して何気ない様子で長局に入り、愛妾と夜をすごした——。

忍び込んでいたのは信之の家来。主君の愛妾に思いをかけた男は、信之が訪れる気配を察して必死に逃げたのだった。

それにしても、なぜ男と密会した愛妾を咎《とが》めもせず、いつもどおり接したのだろうか。信之の態度は理解に苦しむという読者も多いだろう。

それにもまして、信之はなぜ愛妾と密通した家来を近習に追わせなかったのか。『真田家御事蹟稿』によれば、男のあとを追おうとした近習に、信之は「無用に候。大切の侍を屁ひり女に替可申や《かえもうすべき》」と言葉をかけたとか。

主君の愛妾のもとに忍び込んだとはいえ、大切な家来の一人を、「屁ひり女（クソ女。言うまでもなく愛妾のこと）」のために失うわけにはいかないというのだ。

信之のこの言葉に感激したのは、近習だけではなかった。逃げた男は、後日この言葉を伝え聞いて感涙にむせび、いざというときは信之のために誰よりも先に命を捧げようと覚悟を固めたという。

愛妾を抱えたほどだから、信之が性的に女嫌いだったはずはない。にもかかわらず、信之は主従の絆をより強固にするために、「屁ひり女」という最低の女性蔑視の言葉を吐いたのだった。

父昌幸《まさゆき》、弟幸村《ゆきむら》まで敵に回して関ヶ原から徳川幕府成立に至る修羅の時代を生き抜いた真田信之。それだけに共に戦う家来を大切に思う気持ちが強かったのだろう。武士が戦う男以外の何者でもなかった時代、真田信之のような武将はすくなくなかったに違いない。

武士の世界は、痛いほど熱い「男の世界」だった。

第3章

精神修養マニュアル

――『武士としては』

◆現代人も思わず共感

1章で紹介した『番衆狂歌』は対象が武官(番衆)とはいえ、武士の心得としてはあまりに役人臭い(これじゃまるで『幕府役人マニュアル』だ)。ならば『卜伝百首《ぼくでん》』が武士らしいかというと……。戦国期の武士の心得だから、当然といえば当然なのだが、実戦的で血なまぐさすぎる。武器オタクや一部の危ない趣味の読者には受けるかもしれないけれど。

現代の男たちの日々の暮らしの指針にもなるような、もっと普通の武士マニュアルはないものか？　読者のそんな要望が聞こえてくるようだ。

はたしてそんな武士心得があるだろうか。しばし考えた末に思い浮かんだのは、『武士としては』。18世紀前半に著されたと推定される(推定の根拠はここでは省略)、まさに武士マニュアルと呼ぶにふさわしい表題の史料だ。

著者は「盛正」という名の60代の老武士らしいが、その伝《でん》は明らかでない。それでも書かれた内容は多彩で興味深く、なにより現代のわれわれの参考になる記述が多いのが『番衆狂歌』や『卜伝百首』と異なる点である。

原本は写本(手書きの本)で、国立公文書館内閣文庫所蔵。早くは大正元(1912)年に中外出版社から『士道珍書《ちんしょ》武士としては』として出版され、近くは平成21(2009)年に雄山閣から小澤富夫『武士としては』が出版されている。また内容の一部については拙著『江戸藩邸物語』でも詳しく紹介しているので、興味を抱いた方は一読してほしい。

前置きはここまで。『武士としては』をひもとくことにしよう（以下、引用や内容の意訳は、国立公文書館蔵の原本から）。

◆堪《こら》え難きを堪えよ

『武士としては』は、「武士としては、智仁勇の志そなはらずしては全《まった》き武士とはいひ難《がた》し」という文章で始まる。「智」「仁」「勇」の志を兼備してはじめて武士といえるという（ちなみに『武士としては』の書名は、この冒頭の言葉から採られている）。

しかしそれだけでは十分ではない。「たとへ智仁勇の志有《あり》とても、其身《そのみ》病身にては其志も遂げ難かるべし」。志が高いだけでは駄目。身体虚弱や病身では、志を実現せずに終わってしまうからだ。だからおのずと「常に我身の生付《うまれつき》たる所に不足なる所を医にも問ひ、其身もとくと考へて、昼夜に保養有《ある》べきこと也」ということになる。

自分の体のどこが弱いのか、常に医者の意見を聞き、自分でもじっくり考えて、昼夜を限らず身の保養に努めよというのだ。健全な精神と健康な体をあわせ持ってこそ真の武士。

これが『武士としては』著者である盛正翁《おう》の主張の基本である（以下『武士としては』の著者を盛正翁と呼ぶことにする）。

ところで、健全な精神を形作る「智」「仁」「勇」とは何か。「智」「仁」についての盛正翁の解説はごく一般的なものだが、「勇」について「勇とは、こらへがたき所をこらへ、義理についてたじろがぬ也」と述べているのが注目される。

義理に背かぬ確乎《かっこ》たる信念を持て（「義理についてたじろがぬ」）。堪え難きを堪えよ（激しい憤りを感じても、感情を制御してむやみな行動に出るな）とは、いかにも戦闘が終息した時代の武士の「勇」にふさわしい。

『武士としては』は、戦争が忘れられた時代の武士、実質的に戦士でなくなった武士がいかに生きるべきかを説いた武士マニュアルなのである。

◆自分と周囲の健康に留意

「夜は早くいねて朝は早くおくべし」（早寝早起き）。早寝といっても、戸締まりに気をつけ火の用心を心がけるのはいうまでもない。

とりわけ武士の場合は、「戸障子口の有る方を枕にすべからず（戸や障子のほうを枕にして寝てはいけない。なぜなら侵入者に斬りつけられやすいから)」。「刀脇差《わきざし》早く用に立つやうに置くやうに気を付《つけ》(いざというときのために刀や脇差は手が届くところに置け)」、「あるひは重き木枕《きまくら》か短き鼻捻側《はなねじそば》に置《おく》べし」とも。

「木枕」は木製の枕(箱枕とも)で、「鼻捻」は荒れ馬を抑える道具。重い木枕や短い鼻捻も恰好《かっこう》の武器になるので、寝ているときそばに置けというのだ。刀や脇差を奪われても、これらの品で侵入者の襲撃に抵抗できるだろう。あれやこれや、就寝前の武士にはすべきことがある。盛正翁はこれを「毎夜念を入《いれ》ていぬべし」と表現している。床に就く前には入念なチェックが必要。不用意に寝てはいけないというのである。

いつ遭遇《そうぐう》するかもしれない危機は、夜盗などの侵入者だけではない。体の急な変調や病《やまい》・傷害に対しても、武士は備えなければならない。

盛正翁は言う。急病や霍乱《かくらん》(激しい下痢や嘔吐の症状)やけがに備えて「虫薬《むしぐすり》」「気付《きつけ》」「血《ち》留《どめ》」を常備しておくべきだ。常備するだけでなく、家来や下男(「下々」)でも薬をすぐ見つけられるように収納場所を書きつけておかなければならぬと。ほかに「膏薬《こうやく》」、「馬のいき合(息合は呼吸を整える薬。馬用の薬か)」、「人参(薬用人参)」、「艾《もぐさ》(灸に用いる)」、「胡椒」を普段から用いて急病等に備えるよう述べている。

『卜伝百首』では戦場に携帯する薬として梅干と胡椒を挙げていたが、盛正翁が挙げたのは平和な日常生活で用いる薬だ。薬の種類も増え、武士に薬の知識がより求められるようになっていた様子がうかがえる。

武士は自分と家族のみならず、家来や下男の健康維持にも配慮せよというのである。

◆君子危うきに近寄らず

健康維持に努めるのが武士の心得。当然武士は危ないことをしてはならないと盛正翁は説く。

物事あぶなき事、かりそめにもなすべからず。武法はあぶなき事をせず。丈夫にすわりて死ぬべき場にて死し、死ぬまじき事には死なぬを本意とす。して見べくの事はせず、言ふても言わひでもの事は言わぬ者と知るべし。

——自ら求めて命を危険にさらすのは武士の生き方とはいえない。死ぬべきところで死に、死んではならぬところでは死なぬよう努めるのが武士の正しい作法である(不用意な行動や発言は避けなければならない）。「こうしたらどうか」という思いつきの行為は思い留まるに越したことはないし、言う必要のない無用の発言は、控えるべきである――。流血の戦いを本領とする武士に「努めて危険を避けよ」と教示しているのは、泰平の世ならではの武士の心得であろう。

思いつきの行動や言わずもがなの発言を固く戒めているのも、武威をひけらかすような大言壮語をためらわなかった往昔《おうせき》の武士の否定にほかならない。

言動は控えめに。盛正翁によれば、それはなにより人に恨まれないため。すなわち敵を作らないためだという。

人は聊《いささ》かの事にて恨み出るものなり。不礼無く、勿論《もちろん》口を嗜《たしな》むべし。物言ふて取り返されぬなり。下々《しもじも》なりとも悪《あ》しざまに言ふべからず。敵をも口ぎたなく言わぬものなり。

――人はわずかなことで恨みを抱くものだ。だから発言には気をつけ、無礼な言葉を口にしてはいけない。口は禍《わざわ》いのもと。一度口から出た言葉は取り返しがつかない。たとえ下男など下々の者でも悪《あ》しざまに言ってはならないし、相手が敵であっても、口汚く罵《ののし》るべきではない——。

「敵」とは誰を意味するのか。戦国の世と異なり戦《いくさ》の相手ではあり得ない。怨恨《えんこん》を抱く者のことか、あるいは敵討《かたきう》ちの「敵」を指しているのかもしれない。

もちろん人の噂を囁《ささや》くなどもってのほかだ。

かりそめにも人のかくす事、味のよからぬ噂言ふべからず。今日中(仲)よくて明日あだかたき(仇敵)となるは世のならひ。たしかに見たる事にも見あやまりも有り。なおさら聞きたることには聞違《ききちが》ひも有り。

——人の秘密やよからぬ噂を口にしてはいけない。それがきっかけで、仲のいい友が仇《きゅう》敵《てき》に変じてしまう場合がすくなくないからだ。(そもそも噂というものは)確かにこの目で見たといっても見間違いということもある。ましてや人から聞いた場合は聞き違いが多い。いずれにしろ信憑性《しんぴょうせい》が低いのである——。

盛正翁はさらに「人はウソも言うので、噂を信じてはいけない」(意訳)と戒めている。

そもそも噂の発信者は誰なのか。その人物の「常の心入《こころいれ》さほう（日頃の態度や人柄）」をよく見極めて、噂の真偽を判断せよ、とも。

◆恨みは「心のひがみ」から

人に恨まれぬよう注意すると同時に、人を恨まないように心がけなければならない。人はこれといった害を加えられなくても、人を恨むことがある。たとえば次のような場合だ。

人は相手によりて怒りも出来、恨みも有るものなり。手前の理《ことわり》暗さに、先方の思はぬ事をも我が心のひがみにてケ様《かよう》にや思ふらんとおしはかりて、腹をも立て、恨みもするなり。

理由は相手ではなく、本人の心にある。心のひがみから相手の言動を悪く勘ぐり、相手にはまったく悪意がないのに腹を立て、恨みを抱くというのである。

武士といえども「心のひがみ」は免れない。とすれば、いったいどうしたら人を恨む気持ちを抑えられるだろうか。盛正翁は「恨み怒り心に出る時は、先我《まずわれ》が思ふ一盃《いっぱい》に存分を心の内にてして見よ」と教えている。恨みや怒りが込み上げてきたら、思いっ切り恨みを晴らすところを想像してみろ（心の中で相手を討ち果たすシーンを思い描け）というのだ。するとどうなるか。続きはすこし長いので原文の意訳でご覧いただこう。

武士が恨みを晴らすというのは、すなわち命を捨てて相手を討つことにほかならない（筆者注：相手を殺害すれば、喧嘩両成敗で自らも命を絶たなければならないから）。さて、自分が死んだら、親兄弟や妻子の身はどうなるだろう。自身の恨みを晴らすことは、家族を犠牲にしてまで成し遂げねばならないだろうか。それほど重大なことなのだろうか。冷静に考えれば、個人的な恨みや憤懣《ふんまん》を晴らすことなどそれほど重要でないのがわかるはずだ。そうわかったら、恨みや怒りが込み上げても、そのままやりすごせるだろう。

最後のくだりの原文は「さのみの事にても無き処を見つけて思ひつけたらば、其分《そのぶん》にて打ち過ぎよ」。どんなに恨みや怒りを感じても、高ぶる感情を自らコントロールして、過激な行動に出るべきではない。「命を捨《すつ》る程の事は無きものなり」。命をかけて晴らさなければならないほどの個人的な恨みなど、ありはしないというのである。恨むな。怒るな。盛正翁は外を歩いていて誤って水をかけられても、腹を立てぬように説いている。

路次《ろじ》にて水をかけられ、総じて求めぬ意趣《いしゅ》も無き事ならば、見苦しからぬ様《よう》に挨拶して落ちつき、衣類をも着かへ、けがの事少しも苦しからぬとおとなしく取《とり》さばき、通りたるがよし。

――たとえ路地（狭い道）で水撒《ま》きの水が体にかかっても、相手が故意にかけたのでなければ、怒ってはならない。取り乱すことなく穏便に挨拶して気持ちを落ち着かせたうえ、濡れた着衣を着替え、「思いがけぬ間違いで起きたこと。すこしも怒ってはいません」と述べて静かにその場を通り過ぎるのがいい――。

水戸藩主徳川光圀《みつくに》の弟、松平頼元《よりもと》の小石川にあった江戸屋敷では、貞享《じょうきょう》3（1686）年閏《うるう》3月に、以後、水を打つ場合は前後に人がいないか確認したうえ、ハネを飛ばさないよう注意せよと申し渡された。言うまでもなく、もし人にかかったら面倒なトラブルが起きるかもしれないからだ(『守山御日記《もりやまごにっき》』)。

事実、当時は誤って水や泥をかけられた武士が、逆上して流血沙汰に発展するケースもすくなくなかった。闘争心に瞬時に火がつく気性は戦乱の時代の武士には不可欠だが、泰平の世にはトラブルのもと以外のなにものでもない。盛正翁はまた「怒りは身を亡ぼす事たちどころに早し」とも述べている。

◆武士は独立心を持つべし

同時代の武士に、結果を十分考えて冷静に行動する大人の成熟を求めた『武士としては』の著者。成熟は、主君や傍輩《ほうばい》(同僚)との関係においても求められた。

主君は上に立ちたまひて大心《おおこころ》なれば、時として我にうとくつれなき事も有るものなり。

傍輩はもと他人なれば、おろそかなる事も有るはづなり。

――いくら主君を大切に思っていても、だからといって主君がその気持ちにいつも応えてくれるとは限らない。主君は組織のトップであり、多くの部下(家来)がいる。ときにつれない態度を示すこともあるだろう。傍輩だって同じだ。同じ主君に仕える傍輩だといっても、もとは他人にすぎない。（自分に）敬意を欠いた態度を示すことがあっても不思議はない――。

にもかかわらず、主君や傍輩の態度にいちいち神経を尖《とが》らせ、不満や不快を感じるのは、いかがなものか。盛正翁は、そんな武士を次のようにたしなめている。

必ず我が身を思ひ過ごして、或《あるい》は利欲名聞《みょうもん》につきて、深き主君の恩を忘れ、むつまじき傍輩を忽《たちま》ちあだかたき（仇敵）の様に思ひて、少しの恨み、いささかの事を思ひ咎《とが》むべからず。

――「私はこれほど主君を敬い、傍輩にも敬意をもって接しているのに……」と自分にばかりとらわれ、それに対して思うように応えてくれないからといって主君や傍輩を恨むなんて、もってのほか。武士たる者は心を広く持ち、些細《ささい》なことで思い悩んだり、恨んではならない――。

そもそも主君であれ傍輩であれ、他人に過大な期待を抱き、「私がこうなのだから、相手も当然こうあるべきだ」と思い込んでいるところが、問題の本質だと盛正翁は指摘する。

人を深く頼み思ふに依《より》て、その事の違ひたる時、恨みも出るなり。世の中は手に取りたる事もはづるゝものなり。人を杖につき深く頼むは悪《あ》し。武士は独立する心有るべし。

――わずかなことで人を恨むのは、人に対する依頼心が強すぎるからだ(要するに幼児性が強く、人間として成熟していないのである)。考えてもみたまえ。確実に手に入れたと思っていても、スルリと取り逃がしてしまうのが世の習いである。人を頼りにしすぎるのはよくない。とりわけ武士たる者は、人に頼らず自力で行う独立心を持たねばならぬ――。

◆主に気に入られようと思うな

人に頼らず人に多くを期待せず、自主独立の精神を磨け! なにも武士に限った教訓ではないと思う。『武士としては』には、同様に通俗的な(武士だけでなく世間一般に通じる)教訓を武士の心得として挙げているものがすくなくない。たとえば。

明日仕《つかまつ》るべしと思ふ事、今日相勤《あいつと》むべし。武は手早きをよしとす。

「明日やろうとしていることは今日のうちに」。まさに通俗的な教訓だが、「武士は手早くことを行え」という教訓を持ち出して、これが武士の心得であるとする。次も同じだ。

毎物《ものごと》に前方々々に仕廻《しまう》よし。月代《さかやき》・髪結・大便・小便をも前方に仕廻置《しまいお》くものなり。急用埒明《らちあ》くなり。後にせんと思へば帯も仕兼《しかね》ること有り。武といふ者は、すみやかに早きを良しとす。

――すべてを前倒しに！　月代を剃り髪を結うことから大小便の排泄まで。万事早めに済ませておけば、思いがけぬ急用にも、うろたえず対応できる――。ここでも最後に「すみやかに早きを良しとす」という武士の心得にふれているが、その部分はなくてもすこしも問題はない。

武士に限らない教訓はほかにも。

人をつかふとは思ふべからず。人につかはるゝと心得て、よく教へ導きて、及ばぬ事あらば、堪忍して心と気をつかふべしとぞ

――主人（雇い主）だからといって使用人に強圧的な態度で接してはならない。むしろ自分のほうが使用人であるくらいに心得て、彼らを懇切《こんせつ》丁寧に教え導くべきだ。彼らに不備なところがあっても、じっと堪忍して気長に指導するのが望ましい――。

武士でも町人でも、あるいは富裕な農民であっても、すべての雇い主が傾聴すべき教えといえる（もちろん現代の雇い主たちも例外ではない）。

では、自分が奉公している主人に対してはどうか。

主人の御気《おき》に入るべきとつとむるは悪《あ》し。御気に違《ちが》はず仕損《しそこ》なひをせぬ様にと可勤事《つとむべきこと》なり。

――主人に気に入られようと努めるのはよくない。気に入られようとするのではなく、

機嫌を損ねたり、仕損ない（しくじり）のないように努めるべきだ──。

なまじ気に入られようと努めると、傍輩の顰蹙《ひんしゅく》を買い、トラブルの原因を生むことになる。それよりは、主人に嫌われず、職務や人間関係等で失敗をしないように心がけなさいというのである。お気に入りになろうとするより、しくじらないように努めよというわけ。細く長く無難に勤め続けようとすれば、主人のお気に入りになるのは必ずしも最善の策とはいえない。主人が代替わりして失脚の憂き目《うめ》を見るケースもすくなくないからだ。

主君とお気に入りの家臣だけの話ではない。今日の企業や官界でも、右の教訓は通用するだろう。卑近《ひきん》な例だが、夫婦のあいだだって同じかもしれない。夫が妻（主人！）に気に入られようと努力するより、妻の機嫌を著しく損じない程度に努める（そして決定的なシクジリのない）ほうが、夫婦は長続きするものである。たとえそれが完全な仮面夫婦であったとしても。

◆**ふんどしは清潔に**

武士たる者、行住坐臥《ぎょうじゅうざが》（いかなるときも）死を忘れてはならない。死を恐れてはいけない。『卜伝百首』に「武士の心の内に死の一つ　忘れざりせば不覚あらじな」とあったように、

「死の覚悟」は、武士の心得のなかでも、もっとも重要で不可欠なものとされてきた。『武士としては』ではどうか。「死」について盛正翁は次のように教えている。

いか様の事にて、いづくいづかたにて思ひよらずに死する事も有るべし。朝夕この心を失はずに、われ死にたらば跡《あと》のことはケ様《かよう》にと書付《かきつけ》をも常にしておき、跡にてつかへぬやうに取りおさめおくべし。

――人(武士)は、どのような原因で、いつどこで死ぬか予測もつかない。死は思いがけず訪れる。だから朝に夕に死を忘れず、死後の処理について書付(遺書)を作成し、自分亡き後にトラブルが生じないようにしておかねばならない――。

死の覚悟があれば、おのずと不要な品を買って浪費をすることもなく、家計が逼迫《ひっぱく》するおそれもない。現実的な利点を述べた後で、盛正翁はこう続けている。

とかく死を忘れず、下帯《したおび》に気を付けて、むさからぬ様に心を付けべきものなり。人の見ぬ所、知らぬ所をきれいに潔く常にたしなむ事、神道にもかなふべしなり。

――常住（いつも）死を覚悟しているなら、汚れた下帯（ふんどし）など締めてはいけない。人の目にふれないところまで清浄に保つのが、死を忘れない者の心得だ――。

死の覚悟と洗濯の行き届いたふんどし。ふんどしの洗濯が武士たる者の重要な心得だとすれば、雪隠《せっちん》（トイレ）のこまめな掃除だって、武士の心得のひとつに数えられるはずだ。

はたして盛正翁は次のように述べている。

家内庭の掃除も、端々《はしばし》人の見ぬ所に気を付け掃除すべし。雪隠猶更《なおさら》きれいにするものなり。むさき所を掃除せぬは猶更むさくなるべし。人の心もすり磨くにて道理をも知り、むさき事無くなりておのづからきれいに成るべし。耳の垢《あか》、鼻毛も油断すれば見苦し。外よりも言ひにくきことなれば、心を付けべし。

――家の中でも庭でも、人目につきにくいところまで気をつけて掃除をすべきだ。（不浄な）雪隠はなおさらのこと。汚いところは掃除をしないといっそう汚くなってしまう。人の心も同じ。磨くことで道理を理解し、おのずと清らかになる。耳垢や鼻毛も油断すると（耳からこぼれ出たり、鼻孔からはみ出たり）すぐにむさくるしくなる。かといって他人はなかなか注意しにくいもの。身だしなみとして十分気をつけなければ――。

死を恐れるな！という武士の戒《いまし》めが、ふんどしの洗濯やトイレの掃除を経て、さらには鼻毛の手入れといった世間一般の身だしなみにまで発展している。

ここには戦場で血と汗と泥にまみれて戦った武士の姿はない。武士に求められているのは、洗い清めたふんどしを締め、トイレをこまめに掃除させ、耳掃除や鼻毛の手入れを欠かさない、きれい好きな生活態度だ。盛正翁は、武士は〝清潔男子〟たるべし、と説いているのである。

通俗的な心得と化した武士の心得。それは、泰平の世の武士が戦士ではなくなり、武士の心得と世間一般の心得との差異が薄れた結果であろう。『武士としては』が書かれた18世紀前半、時代が求める武士は、殺傷能力に優れた戦士ではなく、組織の中でトラブルなく職務を果たし、それぞれの家を永続させる、温厚で成熟したきれい好きの男だった。

◆火事と地震は戦《いくさ》と同じ

戦場で命を落とすことがなくなったからといって、武士が非業《ひごう》の死を完全に免れたわけではない。

最大の危機は火事と地震。木造家屋が軒を並べる江戸時代の都市(特に江戸)では、火災が頻繁に発生し、そのたびに多くの人命が失われた。そして地震。当時、地震やそれにともなう津波でいかに多くの犠牲者が出たかはいまさらいうまでもないだろう。

もちろん麻疹《はしか》・天然痘・流行性感冒そしてコレラなど、折々に流行した疾病で命を落とした武士もすくなくないが、なぜか武士の心得を記した文献に伝染病対策は見当たらない。病が特定の細菌やウイルスに感染して流行するという認識がまだなかったためであろう。

いずれにしろ火事と地震は泰平の世の武士にとって、戦《いくさ》に匹敵する非常事態だった。火事や地震にどのように対応すべきか。『武士としては』にも、その心得が長々と記されている。

常に家居《いえい》につゐては、火事の時の手配りよく、地震の節《せつ》のき場の心がけ第一これ有るべきことなり。毎物《ものごと》用心して油断無く心がけて、時として難に遭《あ》ふ事は、これ天命、是非も無し。不心得にて地震にうたれ火に溺《おぼ》れて死する事、冥加《みょうが》に尽《つき》たる事、先祖の名をも汚すと思ふべし。

――住まいについては、常に火事や地震が起きたときの対応や避難場所のことを最優先に考えるべきだ。もっとも、どんなに入念な用心をしていても、不慮の災難にあう（その結果、大きな被害をこうむる）場合もある。これは天命とあきらめるしかない。しかし十分な用心を怠ったために、地震や火事で命を落としたら、先祖の名まで汚してしまうだろう――。

武士は屋敷の防災化に努めなければならない。地震や火災で不慮の死を遂げたら、家の存続も危うくなるし、ご先祖さまに申し訳ないというのである。

繰り返そう。火事や地震は、泰平の世の武士にとっては往時の戦に等しかった。火災発生となれば、風下に屋敷がある武士は速《すみ》やかに対応しなければならない。いや、たとえ火炎が肉眼で確認されなくても、強風の日は細心の注意が必要だ。

さて、特にどのようなことに気をつけろというのだろう。

風吹く時、風上に心をつけて、たとへ遠方に出火するとも、風下にては手早く身拵《みごしらえ》して仕廻《しまい》たるがよし。火は風に随《したがい》て遠方へ飛ぶこと有り。下帯より衣類まできれいに心をつけ、幾日そのかたちにても保つ様にすべし。

盛正翁は、ここでも「きれいな下帯」に言及している。運悪く（天命で）風下にある屋敷が類焼したとき、被災者となった武士は幾日も下帯（ふんどし）や衣服を着替えられないかもしれない。そんな場合を想定して、風上で火災が発生したら、速やかに新しい下帯や衣服に着替えよというのである。

それでも火事は、風向きによって類焼の危険度がある程度は予測できるし、避難の時間的余裕もある。ところが地震の場合はそうはいかない。どんな巨大地震でも、通常は前触《まえぶ》れなしに突然発生するからだ。

地震の発生は今日《こんにち》でもほぼ予知不能であり、江戸時代に精度の高い予知法があったはずはない。当然予知などできなかったはずだが、気象そのほかさまざまな現象の異変から大地震を予知した人がいたのも事実である。

はたして大地震が起きる前にどのような異変が。盛正翁は、次のように記している。

時ならず蒸し暑く、陰《くもり》がちなる気にて、天近く雲おほひ、夜は星近く風も吹かずば、地震することも有らんと心を付けて、手早く屋形《やかた》へ出る心がけすべし。

――季節外れの蒸し暑さが続き、陰気な天気。なにより天(空)が近く感じられて雲がたれ込め、星が間近に見えるときは大きな地震が起きるかもしれない。そのようなときは用心を怠らず、地震発生と同時に「屋形(主君の屋敷であろう)」にただちに参上できるよう心がけよ――。

空が近く見えるのは地震の前兆……。同様のことは前述の旗本、天野長重(1章で従弟の若者に大坂勤務の心得を教えた人である)も述べているし、安政2(1855)年の江戸地震に関する文献にも見える。ほぼ江戸時代を通じて語り継がれてきた地震の前兆なのである。

では、地震発生直後に武士はどうすべきか。『武士としては』の記述は、懇切にそのときの対応を教えている。

地震強ければ、手遠《てどお》なる刀は取り難きものなり。たとへ外へ出たりとも、屏・壁・瓦も落《おち》ること有り。多くは家も桁行《けたゆき》にはころばぬものなり。梁行《はりゆき》も常にかたぎたる方を知りて気遣《きづか》ふべし。

揺れが強いと手元に置いていない刀は取り損なうこともある。屋外に避難しても安全とは限らない。塀や壁に押しつぶされる場合もあれば、屋根から落下した瓦に当たることも。

ここまではわかりやすい。難しいのはその後で、直訳すれば、――多くの場合、家は「桁行」には倒壊しない。「梁行」も、どちらに傾いているか、地震が来る前から常に気をつけておくべきだ――となるだろう。

「桁」は家を支える柱の上に渡した材木で、「桁」の上に直角に「梁」を載せて家の基本的骨組みが作られる。「桁行」とは「桁」の材木の方向で、「梁行」は「梁」の材木が置かれた方向だ。

家は「桁」の方向には崩れにくいが、かといって「梁」の方向も、あらかじめどちらかに傾いていれば倒壊の危険が多い。だから日頃から傾き具合に注意せよというのだろう。地震国日本では、自宅の老朽化のチェックも、武士の重要な仕事だったのである。

『武士としては』の地震マニュアルはまだ続く。


地震強ければ、地も割れて泥水を吐き出し居難《いがた》きものなり。戸板にても畳にても敷きて居るべし。竹藪の内、根にてこみ、地割《さ》けぬものなり。海近き所ならば、高潮来《たかしおきた》ること有るべしと心懸《こころがく》べし。

大地震にともなって起きる地割れや液状化、そして高潮と津波。地割れの危険から逃れるためには、地面に畳や戸板を敷いて、その上でじっと揺れが収まるのを待てと教えている（今日《こんにち》でもよく知られていることだが、地割れから身を守るには竹藪がいいとも）。武士は（武士でなくとも）、寝るときも地震に備えなければならないという。

家内にても、梁・桁の落ちかゝるべき所は、常に鎹《かすがい》にて丈夫につり、もとより梁・桁の落《おち》るべき所には夜も寝ぬ様にすべし。寝ずして叶《かな》はざる時は、いね入りたるうちに当たらぬ程《ほど》のかさ高なる物を考へて側に置くべし。

――自宅では、上から梁や桁などの木材が落ちてきそうなところは、落ちないように鎹で補強しなさい。もちろん梁や桁が落ちてきそうな場所で寝てはいけない。（もしほかに適当な場所がなくて）どうしても危険なところで寝なければならない場合は、寝床のそばに大きな物（丈《たけ》の高い物）を置いて、梁や桁が落下してきても直接体に当たらないよう工夫すること――。

一人ひとりが心得ておくべき地震マニュアルの数々。これらのマニュアルを含め、武士は防災知識に富んでいなければならないと、盛正翁は泰平の世のサムライを戒めているのである。

◆災害時こそ、武士のプライドを

純粋に武人として災害時の心得を説いたマニュアルもある。

出羽国庄内藩士《でわのくにしょうないはんし》の小寺信正《こでらのぶまさ》（1682―1754）が著した『志塵通《しじんつう》』（成立は1724年か）にも天災がらみの記述が見えるのでご覧いただこう。

盛高《もりたか》常に思ふこと有り。番所などにて地震雷風などの時、敷居一つも脇へ退《しりぞい》て居るべからず。用あらば叶へて本座に着くべし。もし雷地震に中《あた》り死に至ることあらむに、守る席を退《の》き居たらんは本意なかるべきなり。

これは信正の兄、小寺盛高の聞き書きを写したもの（盛高の言として『志塵通』に収録されている）。意訳すると次のようになる。

――私は常々こう思っている。番所（警備のための詰所）に出勤していて地震や雷風（雷をともなう激しい風雨）に襲われたときは、わずかであっても席を退いてはならない。用件があり席を立っても、用を終えたら元の席に戻るべきだ。なぜか。万が一、雷や地震の犠牲になって命を落としたとき、本来いるべき席にいないと、恐怖のあまり逃げ出そうとしたと誤解されてしまうからだ。死後そのように誤解されたら、武士としてなんとも残念なことではないか――。

地震の心得といっても、ここで問題にされているのは、地震発生直後の対応や避難の仕方ではない。問題は武士のプライド。死後、武士の名誉に傷がつかないように、死体がどこで発見されるべきかを論じているのである。

右は職場（番所）で被災した場合の心得だが、当然自宅で地震に襲われることだってあるはず。自宅ではどのようにすべきか、小寺盛高はこう語っている。

我家にて具足櫃《ぐそくびつ》を居間に置くべし。地震に打《う》たれなどすることあらむに、よろしき跡なるべし。茶をたて又は花を挿《さ》しながら死したらましかば、いくばく見苦しからん。閑《かん》寂《じゃく》の時、ケ様《かよう》のこと工夫するには、まづ死を心に置きて、死の拙《つたな》からぬやうにと思ひめぐらせばよろしきにや。

――自宅の居間には具足櫃（具足を収納する櫃）を置くべきである。地震などで命を落としたとき、具足櫃が証拠となって武士の面目が立つからだ（「さすがに武士。具足櫃のそばで死んでいる」というわけ）。茶を点《た》てたり花を挿したりしていたときに地震で死んでしまったら、武士としてどんなにみっともないことか。倒壊した家屋の下から遺体で発見された者が、地震発生当時、茶の湯や生け花をしていたことがわかったら、なんて柔弱《にゅうじゃく》な武士だと非難を免れないだろう。

武士は、閑暇《かんか》で心穏やかな折、地震で命を落としたときを想定して、以上のようなことに思いをめぐらすべきだ。重要なのは、見苦しくない（武士にふさわしい）死を遂げる覚悟である――。

小寺信正は、江戸で太宰春台《だざいしゅんだい》などに学んだのち、砲術や兵法《ひょうほう》を研究。『志塵通』のほかに『武芸訓』『帯甲通《たいこうつう》』などを著した。文武両道に長《た》けた知識人であるが、『志塵通』は特に「武人平生のたしなみ座臥《ざが》の心がけ」を記したもので、幕府や藩に仕える一般的な武士ではなく、「武人」の心得が強調されている。それだけに同じ地震マニュアルでも、避難よりも「武士として恥ずかしくない死に方」に力点が置かれたのだろう。

◆逃げ込んだ者は保護せよ

武士として恥ずかしくないように。武士の面目を保て！という戒めは『志塵通』ほど深刻ではないが、盛正翁の『武士としては』にも見ることができる。

たとえば、追われている武士が保護を求めて駆け込んできたとき。武士としてどのように対応すべきか。盛正翁はこう教えている。

かけ込み者を囲ふは、此方《こなた》を頼み来たる故《ゆえ》なれば、武士の嗜《たしな》みにて、古今《ここん》珍しからず。留守なりとも囲ふ意地を妻や召仕《めしつかい》にも知らせ置くべきことなり。

——傍輩《ほうばい》や他家の武士を殺傷して追われている武士が、「頼みます。助けてください」と懇願して屋敷に駆け込んできたときは、これを囲う（屋敷内に入れて保護する）のが武士の作法というものだ。古来、駆け込み者を屋敷でかくまった例はすくなくない。武士たる者は、たとえ自分の留守中でも、駆け込み者を保護するように、妻や家来に伝えておくべきである――。

もし夫の留守に、「頼む」と駆け込んできた者の保護を妻の一存で拒んだときは……。

妻の仕方悪《あ》しければ、夫の恥、その子の名もよごるゝ所をよく考へべきことなり。強みを思ふべし。志そこなひたらば腹切るまでのことなり。苗字は穢《けが》れぬなり。

――夫の留守中、武士の作法に反して、妻が保護を求めて駆け込んできた者を追い返したら、夫の恥になるばかりか、その子（嫡男）の名（面目）まで汚すことになるだろう。武士の本領は強さ（「強み」）だ。強さを欠いた頼りがいのない武士は武士の名に値しない。駆け込み者を保護したのを咎《とが》められたら腹を切ればよい。命は失っても武士の家名（苗字）を穢すことはない――。

駆け込む者は、多くは殺傷事件を起こして逃亡中の武士であり、なかには明らかに道理に外れた者も。理は追手《おって》の側にある場合もすくなくない。にもかかわらず「頼む」と言われたからには、これを保護し、追手に渡さないのが武士の「強み」だというのだ。

◆面目をつぶさぬ奇策

そうはいっても、傍輩と喧嘩をして相手を殺害して駆け込んできたのが上司の家来だった場合は、「はいそうですか」と簡単にかくまうわけにもいかないだろう。追手が顔見知りであれば、「そのような者はいません」と追い返すのも難しい。トラブルになったら腹を切ればいいといっても、切腹は容易ではないし、家の将来を考えればトラブルに巻き込まれないのに越したことはない。

武士の作法(嗜み)を取るべきか。それともトラブルの回避を最優先にすべきか。『武士としては』著者は、たいそうバランス感覚に富む老人だったらしい。とりあえず「切腹しても武士の名を汚すな!」と書いてはみたが、一方で、切腹もせず武士の名も汚さないで済む「賢い方法」も例示している。

左に挙げる例もそのひとつ。原文は長いので意訳でご紹介しよう。

紀州(現在の和歌山県)のある若侍が、召仕《めしつかい》の下人《げにん》を手討ちにしようとしたが、斬り損なって逃げられてしまった。下人は「追われています」と言って隣の屋敷に駆け込んだ。下人を追ってきた若侍は隣人に、「駆け込んだ下人を渡してください。そうでないと武士の面目がまるつぶれです」と下人の身柄の引き渡しを懇願した。

「そうでないと武士の面目がまるつぶれです」の原文は、「然《しか》らざるときは、我《われ》男ならず」。逃げた下人を討ち果たさないと、「男（武士と同義）」が立たないというのである。

さて、隣人はどう応えただろうか。問題は隣人も同じく「男」だったこと。

隣人が言うことには、「貴殿のおっしゃることはもっともだ。しかし下人を貴殿に渡したら、私の武士の面目がつぶれてしまいます（「其者《そのもの》を出しては我も男ならず」）。困りましたね」。

とはいえ隣人が頑《かたく》なに拒み続けたら、若侍は実力行使に出て、流血沙汰に発展した可能性が高い。ところがその後、隣人が知恵を働かせたおかげでトラブルは回避され、若侍も隣人も男の面目をつぶさないで済んだという。

隣人はどのような策を講じたのだろうか。

「まったく困ってしまう。しかし下人は重傷を負っていたから、ひょっとするともう死んでいるかもしれない。ちょっと待ってください。様子を見てきますから」。

隣人はそう述べて下人が潜んでいるところに行くと、有無を言わせず下人の命を奪った。戻ってきた隣人は、若侍に「貴殿にとっても私にとっても幸いなことに、下人はもう死んでいましたよ」と涼しい顔で告げ、「さあ、ご覧に入れましょう」と若侍を屋内に入れ、下人の亡骸《なきがら》を確認させたという。

だまし討ち同然に殺された下人は哀れだが、かくまった側としては〝賢い〟方法だ。この話を伝え聞いた武士たちも、「おとなしき仕方(老練なやり方だ)」と言って隣人の対応を称賛した、と盛正翁は伝えている。

◆頼まれたら拒まないのが作法だが……

右は、屋敷に武士が「頼む。かくまってくだされ」と駆け込んできたときの事例だが、武士が「頼まれる」のは、屋敷にいるときとは限らない。頼むのが追われている者とも限らない。

徒歩で（あるいは馬に乗って）通りを行くとき、突然、向こうから武士が必死の形相《ぎょうそう》で駆けてきた。「頼む」と声をかけたのは、武士を追っている者たち。「頼む。その者を止めてくだされ」と追手に頼まれたのである。

ある武士が、馬に乗って江戸糀町《こうじまち》（麹町）の路上を行くとき、向こうから「頼む。その咎人《とがにん》（罪を犯した者。この場合は、武士かその奉公人であろう）を止めてくだされ」と声をかけられた。頼まれたからには、武士として無視するわけにはいかない。武士は「心得た」と応えて、鎗を取って馬から飛び下りた。

武士の勇ましい様子を見た追手の者は、武士が「咎人」の行く手をはばんでくれると確信したに違いない。ところがそんな期待を裏切って、武士は接近した「咎人」に次のように言葉をかけ、争うことなく事を済ませたという。

追手に「心得た」と言いながら、武士は、咎人が接近すると、「この道は断じて通さぬが、しっかり目を開けて通り過ぎよ」と謎のような言葉をかけた。咎人はあたりを見回して、ただちに言葉の意味を理解した。武士が待ち構える路上の手前に脇道(横小路)を発見し、迷わず脇道を通って逃げ失《う》せたのである。

まるで一休さんの頓知《とんち》話のようだ(「このはし渡るな」と書かれた橋を、橋の端ではなく中央を通って堂々と渡った話が思い浮かぶ)。賢いといえば賢いが、武士としては、ずるいというか面白すぎると感じるのは私だけではないだろう。

ところがこの武士の対応も、当時の武士のあいだで高い評価を得たらしい。盛正翁は「尤《もっとも》なる挨拶。能仕方《よきしかた》と評判ありしと也」と記している。追手や咎人に対する武士の対応はしごく妥当で最善のものだと評判になったというのである。

武士から「頼む」と言われたら、それが逃亡者であれ追跡者であれ、拒まないのが武士の作法。それは、主家の滅亡等で仕官先を転々と替えることが珍しくなく、親兄弟ですら敵味方に分かれて戦った時代の武士のあいだで、信頼できる味方を獲得するために慣習化した武士の作法だった。

「その罪人を止めてくれ」と頼まれて、馬を下りた武士が取った行動は……？

なぜ慣習化したのか。「頼む」と懇願してきた者を、理非を問わず助けることで恩を感じさせ、裏切るおそれのない味方にすることができると考えたからである。しかし徳川幕府が成立し、天下泰平が定着すると、味方を作る必要が薄れ、どこの誰かも知れない（しかもどんな理由で逃げているのかもわからない）武士を無条件に保護する作法は通用しなくなった。

幕府や藩という組織に所属し、それぞれの組織内の上下関係に束縛された泰平の世の武士たちにとって、「侍は渡り者（武士とは主君を替え仕官先を転々とする渡り者である）」や「侍は相身互《あいみたが》い（武士は困ったときは互いに助け合うものだ）」といった戦国以来の武士の作法は、理解できなかったと思われる。

それでも、「頼む」と懇願されたら助けるのが伝統的な武士の作法であるという認識は、18世紀になっても、武士の心から完全には抜け切らなかったようだ。

形だけでも作法を守り、武士の面目を汚すまいとする風潮。そんな風潮のなかで、『武士としては』の著者盛正翁は、伝統的作法と現実のバランスを取った頓知のような〝賢い方法〟を紹介し、推奨したのであろう。

第4章

武人マニュアル

――『志塵通』

◆泰平の世にあえて問う

前章で述べたように、『志塵通《しじんつう》』は、庄内藩士小寺信正の著書である。だからといって、その内容は藩士だけの心得とはいえない。兵法《ひょうほう》を学び『武芸訓』などの著述もある信正が『志塵通』で述べているのは、藩士と幕臣の区別を越えた、武人としての武士の心得にほかならない。『志塵通』が成立したのは18世紀前期の享保年間だが、武人の心得を強調しただけあって、なかには血なまぐさい記述も含まれている。

たとえ泰平の世であっても、武士は常に緊張感を失ってはならない。そう戒《いまし》める信正は、夜になって帰宅する場合、武士は細心の注意が不可欠であるという某氏（「或人《あるひと》」）の談話を紹介している。

或人の曰《いわ》く。夜陰に及んで我宅《わがたく》に帰るに、必ず我家なればとて油断して戸を明け、猥《みだ》りに内へ入るべからず。提灯を先へ入れ、さて片足より踏み込むべし。潜《くぐ》り戸などを頭より猥りに入る事、不心懸けの第一なり。

――住み慣れたわが家であっても、暗闇のなか、不用意に足を踏み入れてはならない。

潜り戸を開けて頭から先に入るなんてもってのほかだ。（ではどのように入るべきか。）まず提灯を家の中に差し入れて屋内を照らし、（頭ではなく）片足を踏み入れよ――。

深夜、誰もいないわが家に帰ってきたとき、家の中に誰か潜んでいて突然襲いかかるかもしれない。それは現代人も等しく共有する不安だ。しかし現代人の場合は、招かれて他人の家を訪問するときは、たとえ夜中であっても、命の危険を感じることはないだろう（すくなくとも訪問先が凶悪な住人でなければ）。

武士の場合は違う。『志塵通』には「私宅をさへかく用心すべきなれば、他の家へ夜ゆかんには、猶以《なおもっ》て万事心得有るべき事なりとぞ」とある。自宅に入るときすら用心が不可欠なのだから、まして他人の家に入るときは……。武士は命を狙われる危険が多いことを十分自覚せよというのである。

◆障子に影を映すべからず

家に入るときだけではない。座敷に座るときにも注意が必要だ。とりわけそれが心を許せない者の住まいである場合には。

心置きせらるゝ場所にて座敷に座するも、所を考へ居着くべきなり。昔の障子の腰を高くすることは、夜、灯火の人影を映すを憚《はばか》る故なりともいへり。昔の障子はすべて腰高きものなり。

——警戒を要する(命を狙われる可能性がある)座敷では、座る場所をよく考えて座に着くべきだ。昔の障子が腰高だった(障子の腰は、障子の下部の板張りの部分。腰高とは腰の部分の丈《たけ》が高いこと)のは理由がある。腰の丈が高いと、座敷にいる人の影が灯火で障子の紙に映りにくいからだということだ——。

座敷の中にいる人影が障子紙に映し出されたら、外から狙われやすいのはいうまでもない。したがって障子の腰が低くなった昨今では、座敷のどこに座るか正確に判断して、己《おのれ》の影が障子紙に映らぬようにせよというのだ。

以上のような心得を「細かい!」と感じる読者も多いのでは。そう、身を守るために武士は細心の注意を怠ってはならない。

攻撃は最大の守備。もちろん武士は効果的な攻撃(あるいはとっさの反撃)のためにも常に細心の注意を払う必要がある。たとえば羽織の紐の結び方ひとつにも。

羽織の紐《ひも》は引くと解《とく》るやうに結ぶこと、世以《よもっ》て用之《これをもちゆ》。予《よ》羽織の紐を結ばず。居合《いあい》を抜きしに、左の紐、居合刀に引きまとひて悪《あ》しかりしこと有り。

——羽織の紐は、引っ張るだけで簡単に解けるように結ぶこと。これは武士の常識だ（紐を解くのに手間取っていたら、そのあいだに斬り殺されてしまうかもしれないから）。私の場合はそもそも羽織の紐は結ばない。なぜか。居合いの刀を抜いたとき、羽織の左の紐に居合いの刀がからまった苦い経験があるからである——。

信正は、自分は結ばないと言いながら、羽織の紐の長さも記している（「すべて羽織の紐は、襟《えり》の中墨《なかずみ》より九寸五分、又は壱尺《いっしゃく》ばかり下げて付《つく》べし」）。羽織の紐を、とっさの場合に武士の生死を分けるかもしれない重要な問題と見なしていたためだろう。

さらに「小笠原何某《なにがし》公の御家、松平何某公の御家には一切羽織を用ひず。故《ゆえ》あるか」とも。羽織の紐を結ばないどころか、なかには羽織を着ない家中《かちゅう》（大名家の家臣団）もあるというのである。

◆肥満大敵

武士は太ってはいけない。体を張って戦う戦士であり続けようとするなら、肥満は禁物《きんもつ》だ。信正は「先師(亡き師匠)」を例に挙げて、次のように記している。

予が先師、壮年の時、しきりに肉つきて肥満せんとせしに、平士《ひらざむらい》の肥満しては歩行《かち》立《だち》の用に立たずとて、強く腹帯をし固め、食に心を付《つけ》ぬれば、肥満を遁《のが》れたりとて、五十に近きまで常に腹帯をゆるめずせられしなり。

——私の先生は、壮年(30代から40代にかけて)の頃、めっきり肉がつき、このままでは肥満体型になりそうだった。上級の武士ならともかく、歩行で務める平士の身で肥満になったら役に立たない。腹帯をきつく締め、食事に気をつけて肥満せぬよう努めた先生は、50歳近くになっても、腹帯をゆるめることはなかった——。

肥満は武人の大敵。メタボな体では戦えない。亡き師の努力を紹介した信正は、岡山藩主池田光政《みつまさ》に仕えたのち陽明学者として名をなした熊沢蕃山《くまざわばんざん》(1619—91)が同様の努力をしたことにふれている。

熊沢次郎八《じろはち》（次郎八は通称）も十六七の時太りなんとせしに、武士の肥満は達者なりがたからむとて、帯を解《とい》て寝ず。美食せず。酒を断ち男女の人道を絶つこと十年なり。江戸詰めの時は寝道具葛籠《つづら》え木刀を入れ、深夜に人静まりてのち、庭へ出て剣術をつかひなどして身をこなし勤《つとめ》たるよし。

――16、7歳の頃、太り気味だった蕃山は、肥満したら一流の武士になれぬと、肥満防止を決心した。寝るときも帯を解かず（常にウエストを帯で締め）、美食をやめ酒を断ち、さらにはセックスも断った禁欲的な暮らしを10年続けた。それればかりではない。岡山藩の江戸藩邸に勤務したときは、寝具を入れる葛籠に木刀を入れ、同僚たちが寝静まった深夜に庭で剣術の修行に励み、肥満にならぬよう努めたという――。

右は蕃山の著『集義外書《しゅうぎがいしょ》』に記された内容を信正が要約したもの。『集義外書』には当然より詳しく書かれている。肥満は現代人にとっても最大の悩みのひとつだから、参考までに『集義外書』の該当する箇所をご紹介しよう。

それは江戸藩邸勤務（江戸詰め）のときに行った（太らないための）努力について語ったくだ

りだ。蕃山本人は次のように述べている。

江戸詰めにて山野のつとめならぬ所にては、鑓《やり》をつかひ、太刀をならひ、宿直の所にも寝葛籠《ねつづら》の中に木刀と草履を入れ、人しづまりたる後に、広庭《ひろにわ》の人気なき所に出て、闇にひとり兵法をつかひ

江戸詰めのあいだ、蕃山が宿直の夜も闇のなかで武芸の修行に努めたのは、どうやら江戸では狩猟などで山野を駆けめぐることができなかったためらしい。体を鍛えたのは藩邸の深夜の庭だけではなかった。蕃山は当時を振り返ってこうも述べている。

火事の時にも見苦しからじと、人遠き屋の上をかけり候へば、まれに見付たる者は、天狗やいざなはんと申したるけに候。

なんと蕃山は、火災が起きた際にも動揺して見苦しい様《さま》をさらすことがないようにと、

人気《ひとけ》のないところで屋根の上を疾駆したというのだ（それがどうして火事の際に役立つかは、不明。危険なところで機敏に行動するための訓練だったのだろうか）。たまたま屋上の蕃山を見かけた者は、「あんなところにいたら、天狗に誘われてしまうだろう」と心配したとか。

肥満にならないためとはいえ、ちょっと過激では。蕃山自身も、右のような鍛錬は二十《はた》歳《ち》までのことで、われながらやりすぎだったと回顧している（「是《これ》は二十より内の事にて、あまりに過《すぎ》たるにて候」）。

20代、30代は、さすがに深夜に木刀を振ったり屋根の上を走ったりする鍛錬は控えたようだが、それでも暑い夏の日も鉄砲を持って雲雀《ひばり》を撃ち、冬は冬で雪霜《ゆきしも》を踏み分けて山中を歩いたという。おかげで37、8歳まで肥満にならなかった（「終《つい》にふとり申さず」）とか。

◆熊沢先生の時代は遠く

『志塵通』に戻ろう。信正は以上のような蕃山の行状に感嘆し、それにつけてもわが身の柔弱《にゅうじゃく》さを恥じないではいられなかった。

熊沢先生の番所え木刀を持《もち》し志を今聞て、則《すなわち》その理《ことわり》に移りたきことなり。我ごとき柔弱の者、その激しき勇気を聞きては、過ぎたりとして不用《もちいず》。またはもっともなりとし、理屈のみを感じてその地に移らず。心を武に委《ゆだ》ねずあるは、則ち世に言ふ兎兵《うさぎびょう》法《ほう》なるべし。

――宿直の詰め所(番所)に木刀を持ち込み、深夜も鍛錬を怠らなかった熊沢先生(蕃山)の志の高さを知って、私もかくありたい(あるべきだ)と思うのだが……。さて実行する段になると、根が柔弱者なので、「そこまでやらなくても」と躊躇《ちゅうちょ》してしまう。理屈ではすばらしいとわかっていても、実行することができない。つまるところ武士の覚悟が未熟なせいだろう。私の兵法(武術)などは、しょせん世に言う「兎兵法(実戦で役に立たない生《なま》兵法)」にすぎないのだ――。

小寺信正が誕生したのは、熊沢蕃山が数えで64歳のときだった。同じ武士とはいえ、二人のあいだには精神に大きな差があったに違いない。泰平の世に誕生した信正にとって、戦国の余風《よふう》が抜け切らぬなかで育った蕃山は、われわれが想像する以上に偉大な存在だったのであろう。

武士の精神をめぐる環境の変化は、信正が挙げた左の話からもうかがえる。

或士《あるさむらい》常に番所の寝道具葛籠の内へ鎖着込《くさりきこみ》と松明《たいまつ》を入れ置きたり。下人ども持ち運びに重しとて甚《はなは》だそしれるを目の当《まあ》たり見たり。

寝具を入れる葛籠に鎖着込と松明を入れている武士がいた。鎖着込は防具であり、松明もいざというときの備えに入れておいたのであろう。宿直の番所に寝具だけでなくこれらの品を持参した精神は、蕃山と相通じる。

あっぱれ武士の鑑《かがみ》。称賛に値するはずだが、葛籠を運ぶ下人たちには迷惑至極《しごく》だった。いうまでもなく鎖着込と松明が入ることで葛籠が格段に重くなったからだ。下人たちは不平たらたら。激しい口調で主人の悪口を言い、その様子を信正は目の当《まあ》たりにしたと苦笑気味に書くのである。

時が移り社会の風潮が変わると、武士を見る世間の目も変化せざるを得なかった。

◆刀についた人の脂は

泰平の世になっても、武士の本領が戦士である限り、武士は(ごく一部の武士ではあったが)、時として血なまぐさい場面を避けるわけにはいかなかった。『志塵通』には、そんな場面のマニュアルも載っている。たとえば人を斬った後の刀の扱い方もそのひとつである。

人を切《きり》たる道具、研《と》がざれば、たとへ日数経たりとも、水へ入れ見るべし、脂《あぶら》、水上に浮かぶものなり。また火に炙《あぶ》り見れば、脂浮くとも言へり。但《ただ》し土竜《むぐらもち》の皮にてよくよく拭《ぬぐ》へば、脂取れると言ふて、さる人は懐中したり。

――人を斬った刀は、研がないと何日経っても脂(人間の脂)が刀身に付着しているものだ。その証拠に、水中に入れると水の表面に脂が浮かんでいるのが見える。また火で炙ると刀の表面に脂が浮き出すとも。どうしたら脂を取り去ることができるか。ある人は、土竜(モグラ)の皮で刀身を丹念に拭えば脂が取れると言って、土竜の皮をいつも懐に入れていた――。

「人を殺傷した後は、モグラの皮で刀を拭い清めよ」。江戸時代の武士が人を殺傷する機会は(ごく稀に発生する乱心や私闘による刃傷《にんじょう》事件を除けば)、ほとんど皆無だったと思われるが、それでも、右は武士として心得ておくべき知識だった。武士が武士である限り、いついかなるところで人を斬らないとも限らないからである。

もちろん往昔《おうせき》の武士が経験した血なまぐささは、モグラの皮で拭えば済む程度のものではない。『志塵通』には、昔の武芸者の逸事《いつじ》として超人的な武勇談も紹介されている。


予が叔父の曰く。昔、剣術者湯を浴びしに、仇有人《あだあるひと》これを伺ひて討ちしに、左の腕《かいな》の脈所《みゃくどころ》を右の手にて持ち、左の手を以《もっ》て受けしに、たまらずその腕を打落しに、則《すなわち》その切《きり》たる腕を以て、飛込《とびこみ》て敵を打倒しけることあり。当意即妙なりと申されし。


信正が叔父から聞いた話だという。昔ある剣術者(武芸者)が入浴中、仇敵《きゅうてき》が突然斬りかかってきた。武芸者は裸で対抗しようにも何も武器を持っていない(時代小説風に言えば、身に寸鉄《すんてつ》も帯びていなかった)。

命は風前の灯火だ。ところが武芸者は左腕の脈所(急所のことか)を右手で持ち、左腕で仇敵の刃を受けた。なんの防具もつけていない裸の腕で刃を受け止めたのだから、左腕はひとたまりもなく切り落とされた。

常人ならばもはやこれまで。ところが武芸者は、切り落とされた左腕を右手に持ち、相手の胸元に飛び込んで打ち倒したというのだ。

壮絶無比。肉を切らせて骨を断つ（この場合は腕を切らせて敵を討つ）捨て身の戦法を信正の叔父は「当意即妙なり」と賞嘆した。

状況に応じた素早い対応だったという意味だろうが、血が噴き出し肉片が飛び散るその場の様子は、想像するだけで青ざめてしまう。

右はあくまで昔の剣術者の話で、『志塵通』が書かれた当時、同様な対応ができる武士が存在したとは思えない。信正もあくまで「昔の剣術者」の話として紹介しているのであって、その気転や気概は学ぶべきだが、行動のマニュアルとしてはいないようである。

◆試し斬りは骨を見よ

しかし信正の同時代にも、ごく特別なケースではあるが、武士が血なまぐさい場面に遭遇することがあった。それは武士が試し斬りの「検使《けんし》（試し斬りの場に立ち会い、切れ具合などを検分する役）」を命じられたときである。

試し斬りといえば、罪人の処刑死体で将軍家の刀剣の切れ味を試した山田浅右衛門《あさえもん》の名がまず思い浮かぶ。

将軍家「御様御用《おためし》」（試し斬りは当時「様斬り《ためしぎ》」と表記された）を務める浪人山田浅右衛門は、試し斬りの技を学ぶため浅右衛門に弟子入りした諸藩の藩士らを従えて、将軍家のみならず大名や旗本からも注文を受けて刀剣の試し斬りを行った。弟子たちはのちにそれぞれの藩で試し斬り役を務めた。刑場で罪人の首も斬ったが、それはあくまで弟子たちの練習のため。本業は処刑死体のさまざまな部位を切って、依頼された刀剣の切れ味を鑑定することだった。

江戸幕府成立以前は、武士のあいだでより一般的に試し斬りが行われていたらしい。山田浅右衛門のような「専門家」に依頼せず、自身で刀の試し斬りや鑓《やり》の試し突きを行っていたようなのである。

16世紀から17世紀にかけて日本を訪れた西欧人の活動を、イギリス人ウィリアム・アダムズ（徳川家康の側近となり三浦按針《あんじん》と称した）を中心に多彩な資料で跡づけたジャイルズ・ミルトン著『さむらいウィリアム』（築地誠子訳）という本がある。ここにも、西欧人が目撃した試し斬りのことが記されている。平戸のイギリス商館の人々が、日本の苛酷な処刑方法や屍《しかばね》を細かい肉片になるまで切り刻む試し斬りの情景に目を覆《おお》ったというのである。

礼儀正しさと残酷さが共存していた武士の世界。武士にとって刀剣の切れ味（品質）を試験する試し斬りは必要不可欠であり、試し斬りは「据物《すえもの》」と呼ばれる武芸の一種でもあった。残酷と言って避けて通ることができない武士の作法でもあったのだ。

さて、『志塵通』は試し斬りの検使役にどのようなマニュアルを示しているだろうか。

――試し斬りの検分ができたからといって勇猛なわけでなく、ためらったとしても一概に臆病とはいえない。しかし武士としては一応そのマニュアルくらいは心得ておくべきである（原文は「か様のことは、あへて勇臆《ゆうおく》にあづからずといへども、士たる者、少々心得有べきことなり」）――。そう断ったうえで信正は試し斬りの巧拙《こうせつ》（試し斬りが満足に行われたか、仕損なったか）を判定する方法を教示している。

判定は、試し斬りされた屍の切り口に手を差し入れ、骨の切れ方を確認することによって行われた。

凡《およ》そ切れ口を見るは、手を入れて骨の切れやうをさぐり見るなり。よく切れてはなれたるは、あばら骨居所《いどころ》にありて切れはなるゝなり。切れの鈍きは骨と骨寄り合て居所に居らぬなり。

——骨を探ってみて、試し斬りによって骨がきれいに切断されている場合は、あばら骨が、それぞれの位置でスッパリ切れている。対照的に未熟な者によって試し斬りが行われると、切れ方が不十分で、骨と骨が互いにくっつき、本来の位置にないものだ——。はたして本当にこんなことをしていたのだろうか？　そう疑いたくなるほど、陰惨《いんさん》なマニュアルではないか。

あばら骨などが元の位置で原形のまま切断されていれば合格。力任せに押しつぶしたようにひしゃげていれば不合格。合否の判定のために死体の骨の状態を手探りで確かめよ、と教えているのである。

残酷といおうと、陰惨極まると目を背けようと、これもまた武士の心得にほかならなかった。試し斬りは山田浅右衛門などの「専門家」に委ねられるようになっても、切れ味の検分は、検使役を命じられた武士が務めたらしい。

右のような検分が実際にどのくらいの頻度で行われたかは定かでない。試し斬りの検使を拝命した武士も、特定の役職の者に限られていたに違いない。しかし誰でも担当の役に就けば検使を命じられる可能性はあり、だからこそ信正は、その特異なマニュアルを『志塵通』に記載したのだろう。「士たる者、少々心得有べきことなり」というわけである。

◆介錯《かいしゃく》が首を斬り損なったときは

血なまぐさい作法。もっとも、武士ならではの血なまぐさい作法といえば、試し斬りより切腹のほうがより一般的だ。切腹は日本国内はもとより、ハラキリとして海外でも広く知られている。

当然『志塵通』にも切腹に関する作法が載っている。「関する」と断ったのは、切腹する人(切腹人)ではなく、その首を斬る介錯人《かいしゃくにん》の作法に重点が置かれているからだ。主君から介錯を命じられた(切腹人から指名される場合もある)武士は、どのような点に気をつければ、切腹人に必要以上の苦痛を与えず、速《すみ》やかに首を落とすことができるだろうか。

信正は自らの経験をもとに、介錯人のマニュアルを記している。

首の目付《めつけ》は、その人の後の髪の生《は》へ際《ぎわ》を目当《めあて》に、刀を真直ぐに打ち下ろすべし。

介錯人は切腹人の後頭部の髪の生え際をめざして、まっすぐに刀を振り下ろせ、というのである。

刀はどうしてまっすぐに振り下ろさなければならないのか。斜めに打ち下ろしてはいけない理由とは。

それは近頃の切腹人や斬首になる罪人は、首を斬られるとき、わずかながら首が前に傾くためだという（「切腹の人または打首《うちくび》になる人、すべて形《かた》ち前へ伏すなり」）。昔は切腹人の首は胴からまっすぐ立っていたので介錯人は刀をいくぶん斜めに振り下ろしたものだが、近年は打たれる側の姿勢が変化したので、打つ側も斬り方を変えなければならないというのだ。それにしても、なぜ首を前に傾けるようになったのか。そのほうが首が容易に落とされ、苦痛が小さいと判断したからだろうか。

ああ、なんと奥の深い世界ではないか。すばらしいのはこれが文献や口伝《くでん》によって得た知識ではなく、信正の実際の経験に基づいていることである。

予、打首の人を試し見るに、皆かくの如し。すこしも刀を横に打ちつくれば、必ず腮《あご》に切り込むこと度々なり。そのうえ竪《たて》に打ち込む刀は、目当《めあて》違ひなきものなり。すこしも横に筋かへて目当すれば、必ず心当てたがふなり。

――幾度か罪人の打ち首を試みたが（信正は据物斬りの経験を積むために斬首を試みたので

あろう）、振り下ろす刀がすこしでも斜めになると、刃が罪人のあごに切り込むことが多く、すっぱりと首を打ち落とせない。それに真上から振り下ろす場合は切断する箇所を間違えることはないが、斜めに斬ると思いどおりのところに刃が当たらないものだ――。

この後で、信正は「これは手自《てみずから》試みて知るべし」と記している。マニュアルを覚えただけでは駄目。結局のところ自身で経験を積んで微妙な感触を知るしかないという意味であろう。

罪人であれ切腹人であれ、その首を一刀《ひとたち》で斬り落とすのは容易な業《わざ》ではない。後頭部に振り下ろした刀があごに食い込んで抜けなくなるのはまだしもで、最初から首に当たらず両肩に切り込むことすらあるという。

さまざまな失敗の例。では、斬り損じたとき、どのように対処すべきか。この点についても信正は懇切に記している。武士の精神論ではなく、待ったなしの実地マニュアルの最たるものといえる。なにしろ目の前で首を斬り損ねた罪人や切腹人が、血まみれになって悶《もだ》え苦しんでいるのだ。

もし首の前喉《のど》の方かゝることあり。畳みかけて上より切ること悪し。直へ刀を下へ廻し、刃を上へ向けて喉笛《のどぶえ》をすり切れば、首則《すなわ》ち落《おち》るなり。もっとも試みたることなり。

——刀が喉の骨に食い込んだときは、そのまま力ずくで首を落とそうとしてはいけない。刀を下に回し（切り下げ）、刃を上向きにして喉笛をすり切るように斬れば、首は簡単に落ちるだろう。これは私の経験である——。

刀があごや肩骨に食い込んだ場合は……。

腮《あご》へ切込みたる時も、すこしかゝりたらば如此《かくのごとく》すべし。大きに目当《めあて》違ふ時は、引き上げて上より直すべし。肩骨へ切り込みたる時は上より切り直さずしては成らざるなり。

——あごにすこし食い込んだときは、喉の場合と同様にすればよい（切り下げてから、刃を上向きにして切断するということか）。大きく見当が違った場合は、刀を抜き取り、再度振り下ろすように。とりわけ刀が肩の骨に食い込んだときは、もうそうするしか方法がない——。

あまりに具体的で不快感を覚えた読者もすくなくないだろう。しかしだからといって、信正は猟奇的な嗜好の持ち主でも残忍な人物でもない。

切腹はもっとも武士らしい行為である。切腹を円滑に執行させるための介錯の作法や技も、武士の世界では同様に重要視されていた。一般的な武士にとって、介錯を務める機会など、たぶん生涯一度も訪れないだろう。それでも武士の心得を記す限りは、その作法と技にふれないわけにはいかない。信正は、そう考えて『志塵通』に介錯の条を設けたのである。

第5章

発言マニュアル

——『老士物語之ヶ条覚書』

◆もうひとつの『葉隠《はがくれ》』

介錯《かいしゃく》を含めた切腹全般の作法を振り返る前に、佐賀鍋島《なべしま》藩の武士の生態を豊富な逸話で綴った『葉隠《はがくれ》』（『葉隠聞書《ききがき》』とも）の世界にもふれておかなくてはならない。

『葉隠』は、藩主鍋島光茂《みつしげ》に仕えた山本常朝《つねとも》（1659―1719）が、出家後、田代陣基《つらもと》に語った談話を編集した書。武士道精神の古典として知られ、多くの学者や思想家、そして三島由紀夫のような作家によってその内容が注目されてきた。出版された関連文献や小説も多く、『葉隠』ファンという読者もすくなくないだろう。

となれば、『武士マニュアル』と題したこの本でも当然取り上げるべきだが、すでに一般向けの解説書がいくつも出版されているので、『葉隠』自体の内容の紹介はそれらに譲ることにしたい。

代わりに取り上げるのは、『葉隠』の語り手である山本常朝が著した『老《ろう》士《し》物語《ものがたり》之《の》ヶ条《かじょう》覚書《おぼえがき》』（以下『老士物語』と省略することにする）。『葉隠』ほど大部《たいぶ》でなく、箇条書きの記述もコンパクトで読みやすい。なにより武士の心得をわかりやすく説いている点が『武士マニュアル』で紹介するにふさわしい。

『老士物語』は、『佐賀県近世史料』第八編第一巻（佐賀県立図書館編集発行）に解説つきで収録されている。興味を覚えた読者は、ぜひ全文をご覧いただきたい。

◆下ネタ、食い物を語るべからず

いくらコンパクトだとはいえ、これまで本書で取り上げてきたほかの史料同様、内容のすべてを紹介する余裕はない。紹介するのは、あくまで特徴的な箇条に限られる。『老士物語』で特徴的なのはどのような点だろうか。一読してもっとも印象的なのは、武士の言葉について述べたくだりだ。武士はどのようなとき大声を発し、どのような場合に言葉を慎まなければならないのか。

饒舌《じょうぜつ》であるべきか、寡黙が好ましいか。山本常朝は、さまざまな場面における武士の物言いについて懇切丁寧《こんせつていねい》に説いている。

話題が突然40年以上前のテレビコマーシャルに飛ぶのをお許し願いたい。「世界のミフネ」こと俳優の三船敏郎がビールのテレビコマーシャルに登場したのは、昭和45（1970）年、私が高校に入学した年だった。「男は黙ってサッポロビール」というコピーは、感じやすい少年の心に深く響き、「そうだ、男らしい男はやたら大声を出したり、おしゃべりしたりするものじゃない」と自戒したのを記憶している。

本当の男は寡黙でなくては。しかしこれって、歴史的にも真実なのだろうか。

確かに『老士物語』でも、武士が軽々しく言葉を発することを戒《いまし》めている。

第一に気をつけなければならないのは、武士の体面を傷つける言葉だ。冗談にも口に出してはいけない（「戯《たわむれ》にも申すまじく候」）として『老士物語』が挙げている禁句は、「腰のぬけた」「おそろしい」「臆病」「逃《にげ》た」「引《ひい》た」「をくれ《後》た」「まけた」「きたない事をした」「身の毛の立《たつ》」「たわけた」等々。自身と相手の別なく、武士にあるまじき臆病や気後れを表現した詞《ことば》の数々である。

ほかに「疝気《せんき》（下腹部や睾丸の痛みをともなう病の総称）」や「腰の弱ひ」なども禁句とされている。病や身体虚弱は武士として役に立たない（戦えない）状態を意味するからに違いない。変わったところでは「先にござれ小便する」という物言いも禁句とされている。「先に行ってください。拙者《せっしゃ》は小便をしてきますから」という意味だろうが、これがどうして武士が絶対口にしてはならないのか、残念ながら私にはわからない。汚く下賤《げせん》な感じがして武士にふさわしくないというのだろうか。

これらの禁句とは別に、人が寄り合う座で出してはいけない話題もある。

衆座に禁ずべきは、食物の噂、雑務の噂、毎物巧者《ものごとこうしゃ》ぶりたる咄《はなし》、色欲の噂、自慢らしき事。このほか猶《なお》吟味有るべきなり。

――多くの人がいる座で言ってはならないのは、食べ物や雑務（訴訟か）の噂。俺はなんでも知っていると知ったかぶりで話すのも、エッチな話題、自慢話も禁物だ。ほかにもまだまだあるはず。十分注意するように――。

咄《はなし》など仕《つかまつ》り候とも、衆中《しゅうちゅう》を見計り、その座に合《あわ》ぬ事は語るまじ。そうじて貴人の前にてものを多く言はず。巧者にてなくば咄などなされず。あまり無言にて貴人の心に叶はず、嗜《たしな》み過ぐるほどにこれ無き分に心得、少しづつ挨拶仕るべきこと。

「衆中を見計り、その座に合ぬ事は語るまじ」とは、その場の「空気」を読み違えた話をしてはならぬという意味。続いて、身分の高い人（貴人）の前では寡黙であるに越したことはないとも。教養に富み話術に長《た》けた「巧者」でもなければ、貴人の前ではまともな話などできるはずがないから、というのである。

その後の文意はわかりにくい。とりあえず「とはいえあまり寡黙だと貴人は退屈するかもしれない（それでは失礼だ）。したがって過度に寡黙でない程度が望ましいと心得て、すこしずつ話をするようにせよ」と意訳しておこう。ずっと黙っていては座がしらけてしまうが、とにかく不用なおしゃべりは控えよ、というのだろう。

『老士物語』の著者（山本常朝）は、さらに簡潔に「端的の善行は、朝起、素足、無言なり」とも述べている。武士の善行は朝起き（早起き）と素足（足袋を履かないこと。ただし異本には「禁足《きんそく》」とある。禁足ならむやみに外出しないことを意味する）、そして無言（寡黙）に尽きるというのだ。まさに「男は黙って」なのである。

◆軽率に即答すべからず

男は黙って。といっても、黙ってばかりでは他人と意思の疎通は望めないし、自分の考えを述べる術《すべ》もない。

無益なおしゃべりは厳に慎むべきだが、言うべきことは言わなくてはならない。『老士物語』はまた、武士たる者は何事も慎重に判断したうえで自身の意見を述べよと戒めている。

事に望《のぞみ》てうかと出語《しゅつご》すべからず。その事を一煉《ひとねり》候て、始終を考へて言ひ出すこと。

――あることについて意見を求められたときは、思いつきを軽率に語ってはならない。そのことについて一度じっくり考え、自分の発言がどのような影響を及ぼすか熟慮して(言葉を選んで)発言すべきだ――。次も同様である。

物を問ひかけられ候時《そうろうとき》、言下《げんか》に答へ候《そうら》はで叶はざる事は格別、その外《ほか》はすこし案じ候てより言ふべきなり。延引《えんいん》にて苦しからざる儀は、追って申すべしと言ひて、よく了簡《りょうけん》して申し遣《つか》はすべきこと。

――なにか質問されたときは、即答しなければならない場合はともかく、そうでなければ、すこし考えてから答えるべきだ。回答が遅れても構わない場合は、「後でお答えします」と述べて、時間をかけてよく考えてから回答を伝えればよい――。

拙速《せっそく》な即答より熟慮の結果を。即座に答えず時間をかけて考えろというのは、そうしないと、質問者の面目を汚すという配慮もあるに違いない。即答するのは「そんなこと簡単さ」という態度にほかならず、ひいては「こんなことも知らないのか」と相手を見下していると受け取られかねないからだ。

◆黙っていてはいけないときも

慎重に、時間をかけ、言葉を選んで。確かに平常時の武士は沈思黙考型が好ましいかもしれない。しかし刀を抜き命のやり取りをする戦《いくさ》や喧嘩の場では、事情はまったく違う。『老士物語』は言う。武士はとっさの判断で大声を出さなければならないときがあると。黙っていてはならぬのは、たとえば次のようなときだという。

夜中の喧嘩、相手紛《まぎ》れ失ひ候はば、大音《だいおん》あげて呼びかけ、その辺の人家に申し聞け帰るべきこと。

——夜中に武士同士が喧嘩をした。たぶん刀を抜いて戦ったのであろう。しかし勝ち目がないと思ったのか、一人は逃げ去ってしまった。残された武士はどうすべきか。彼は大声で逃げた相手に呼びかけ、喧嘩の最中に相手が逃げた事実を近所の住人に告げてから、その場を去らなければならない——。

どうして「大声で」相手の名を呼び、のみならず近所の住人にまで喧嘩の経緯を告げるべきなのか。

理由は、そうしないと、自分が潔く戦ったにもかかわらず喧嘩相手を討ち果たせなかった事情を明らかにできないから。近所の住人に事情を説明しておけば、あとで証人になってくれるだろう。そのためにも住人に聞こえるような大音声《だいおんじょう》で、相手に「逃げるな。潔く戦え！」と言葉をかけておく必要があるというのだ。

『老士物語』はほかのところでも、喧嘩で逃げた相手に対して（周囲の人々にしっかり聞こえるように）大声で言葉をかけるよう教えている。すなわち、「切り残したる者逃げ候はゞ《ば》大音あげ、比興《ひきょう》（＝卑怯）者などゝ《と》詞《ことば》をかけ、遠く追《おう》べからざること」とあるのがそれだ。

相手が逃げたら「卑怯者！」などと大声で言葉を浴びせ、しかし深追いしてはならないという。

なぜあとを追い続けてはいけないのか。相手の背後から「卑怯者！」と声をかけ、にもかかわらず相手が引き返さずに逃げ続ければ、それだけで十分勝利の証《あか》しと見なされたからだろう。危険をおかして相手に止《とど》めを刺さなくても、短い言葉で勝利を証明することができたのである。

間髪《かんぱつ》容れず言葉を発しなければならないケースはほかにもある。

殺害人に行合《いきあい》の時のこと。早く詞を懸《かく》べし。抜き身を持たせて通しては此の方一分《いちぶん》立たず。差してお通りあらば後見《うしろみ》すべし。さ無く候はば相手に成るべしなどと言ひて、差させてのち様子を聞き、躰《てい》により始終扱ふべきこと。

それは、人を殺害して逃げている武士と路上で行き合った場合だ。しかも武士は抜き身を手にしている(追手《おって》が迫っているので刀を抜いたまま逃げているのだろう)。そんな武士と突然遭遇したとき、どう対処すべきかというマニュアルである。意訳すると。

——そんな場合は、抜き身を手にしている武士(殺害人)に、ただちにこう述べるべきだ。「貴殿が抜き身を持ったまま道を通したら、私の面目が立たない。抜き身に恐れて通したと武士のあいだで評判になるに違いないからだ。刀身を鞘《さや》に収めてお通りあるならば、協力(「後見」)しないわけでもない。どうしても抜き身のまま通ろうとするなら、残念ながらお相手せざるを得ない(貴殿と刃を合わせなければならぬ)」。

さて相手が刀身を鞘に収めるのを見届けてから、事の経緯を尋ね、事情によっては調停役を務めよ──。

抜き身の殺害人を止めもしないで通したら、あとで臆病者と評判を立てられ、武士の面目がまるつぶれになる。後日の悪評を恐れて、武士たる者は必死の形相《ぎょうそう》で逃げてくる殺害人に、冷静かつ即座に言葉をかけなければならないというのだ。

臆病者と評判されないための饒舌《じょうぜつ》。武士が言葉巧みに述べる必要があるケースはほかにもあった。同僚や親友などが喧嘩をしていると聞いて助っ人に駆けつけたものの、間に合わなかった場合もそうである。仲間や友に助太刀《すけだち》するのは武士の作法のひとつ。間に合わなかったのは重大な失態と見なされた。武士の面目を保つためには、失態を取り繕《つくろ》う〝言葉〟が必要だ。

喧嘩の段聞き付け駆けつけ候ところ、はや事済み、近辺同組などより厳しく番いたし内に入れ申さざる節、一言《いちごん》有るべし。不運にして遅く聞き付け、手に逢はず。残念千《せん》万《ばん》。是非に及ばざる次第に候。武士は互《たがい》の事に候。何とぞお通し有りたく候と申し候て、まかり成らざる時は……。

――喧嘩が行われた屋敷に駆けつけたが、近所の武士や同僚が厳重に番をしていて、屋敷内に入れてくれない。その場合は、あきらめずにこう言いなさい。「喧嘩の報《しら》せを聞いたのが遅かったので、斬り合いの場に間に合いませんでした。残念でなりませんが、いまさら仕方ないことです。（せめて喧嘩が行われた場をこの目で見たいのです。）『武士は互いに助け合うもの』と言うではありませんか。貴殿らも同じ武士。私の心情はよく理解できるはずです。お願いですから内《なか》に入れてください」。

これほどお願いしても内に入ることが許されなかったら……。そのときは次のように述べよと山本常朝は教えている。

この分《ぶん》にて帰り候ては、後日の人口《ひとぐち》面目無く候へば、御番人を相手にいたし切り死にいたすよりほかこれ無し。しかし一命は捨て置き候えども、御番人を相手に仕り候ときは、御上《おかみ》に対し弓を引く儀に候えば、畏《おそ》れ多く是非に及ばざる行《い》き懸《が》かりなどと申し様《よう》有るべし。

仲間の喧嘩に間に合わなかった助太刀の武士。せめて喧嘩の場を見たいと口上を述べる。

――「このままあきらめて帰ったら、後日、武士のあいだで、意気地のない男であると評され、私の武士の面目はつぶれてしまいます。そうならないためには、門を固める人々と斬り結んで死ぬしかありません。命は惜しくないのです。とはいえ番人の方々と刃《やいば》を交えるのは、御上(主君)に弓を引く行為に等しく、まことに畏れ多い。まったくどうしようもない事態です」などと述べるのがよいだろう――。

すんなりあきらめて帰らずに、武士の面目のためには刃傷沙汰《にんじょうざた》も厭《いと》わない決意を表し、そのうえで、主君に刃向かう行為は取れないと述べ、揺れる心中を言葉に出して相手(御番人)にしっかり伝えよ、というのである。

思い悩む気持ちをくどくど述べるのは、やはり自分が臆病者ではないことを誇示するため。そのためには言葉を惜しんではならないと教えているのだ。

◆悪口《あっこう》の技も必要だ

男は黙っていてはいけない。言葉を発するタイミングを外してはならぬ――。そう教える箇条は、ほかにも見える。

勇気の形は詞《ことば》なり。一言の場《ば》をのがさぬ様に常々心掛《こころがく》べし。

一言に剛臆《ごうおく》あらはる丶こと。

人は一言にて敵となり味方となるものなり。

人は一言にて命を捨《すて》るものなり。詞の懸《か》け様《よう》これ有るべきこと。

頼むと言ふ一言有らば、命を惜しむまじきこと。

武士の勇気の有る無し（剛臆）は一言で判断され、一言で敵を作ることもあれば味方を得ることもある。同じく一言で命を捨てる場合も。命を捨てる一言。たとえば面と向かって「頼む」と言われたら、頼まれた武士は命をかけて頼んだ武士に力を貸さなくてはならない。ことの善悪や理非より「頼む」という一言のほうが重大だというのである。武士には口汚く相手を罵《ののし》る「悪口《あっこう》」の技も必要だという。

女ならびに長袖《ながそで》の衆より喧嘩仕掛けられ候時は、悪口は悪口にてその返報いたし、長袖にてなくばと詞をかけ、刀業《かたなわざ》に及ぶまじく候。もし打擲《ちょうちゃく》に逢ひ候はゞ、打ち捨て申すべきこと。

女性や長袖の者（医者や僧侶、公家など袖の長い衣服を着た男性。一般に戦士になれない者とされ、武士からは男でない男として軽視された）から喧嘩を売られたとき、武士はどう対処すべきか。

——女性や長袖の者に悪口を浴びせられたら、こちらも悪口を返さなければならない。そして「（女や）長袖でなければ、ただではおかぬものを」と言葉をかけよ。ただし刀を抜いてはならぬ（女や長袖の男に刃を向けるのは武士の面目を汚すことになるから）。もっとも相手が暴力を振るったときは、斬り殺すように——。

悪口は、何者にも臆せぬ豪胆さを示す手段でもあった。

強敵に取りひしがれ合期《ごうご》ならざる時は、大勇気を発し、大音あげて悪口し、首をとらすべきなり。

場面は戦場だろうか。剛力の敵に押しつぶされ体の自由を奪われたときは、勇気を奮い起こして大声で悪口を浴びせ、しかるのちに首を打たせよ、というのである。

『老士物語』はこうも述べている。

あて言《ごと》、なぶり口上などには、怯《おび》えあがるほどの一言を言《いい》て、かさ高《だか》に仕掛け、その後にて遺恨を残さず二《に》の勝《かち》を取るべきこと。

なんと、悪口や嘲笑を浴びせるときは、相手がふるえあがるほど激しい言葉で、威圧的に行えというのだ。

そうすればかえって恨みを後に残さないのでいいというのだが（「二の勝を取る」の意味は不明）、『老士物語』は一方で「言葉は慎重に」と繰り返しているだけに、強烈な罵詈雑《ばりぞう》言《ごん》を！　ということの教えは意外な感じがする。

それにしても相手を思い切り恫喝《どうかつ》しろとは。まるで現代の暴力団のようではないか。「この社会でバカにされたら終わりですわ。ナメられたらすぐやり返しとかんとバカにされまっせ」という「ある組の幹部」の言葉が頭に浮かんだ（引用は山之内幸夫『悲しきヒットマン』より）。

『老士物語』が成立したのは18世紀初め。ほとんどの武士は戦場を経験せず、真剣で命のやり取りをする場面もほとんど見られなくなっていた。事なかれ主義が浸透していた。『老士物語』はそんな風潮を反映して武士に熟慮と寡黙を求めたのである。

しかし一方で、著者の山本常朝は、「頼む」と言う者があれば命をかけて守り、武士の面目を保つためには滔々《とうとう》と事情を語り、大声で恫喝することもためらわない古き時代の武士の作法にもふれずにはいられなかった。年々失われゆく武士の気風を懐かしみ、時代遅れの武士の作法も書きとめたのである。

第6章

切腹マニュアル

——『自刃録』

◆奥田孫太夫の意外な質問

泰平の世が続き、武士の戦士としての気概《きがい》や伝統が年々衰微《すいび》するなか、切腹や介錯《かいしゃく》の詳細な作法を心得ていた武士も、その知識を次世代に伝えないままこの世を去っていった。おのずと切腹など見たことも聞いたこともないという「切腹を知らない武士」が多数を占める結果となる。

武士なのに切腹や介錯の作法を知らない？　嘘でも誇張でもない。武士道の華と讃《たた》えられたあの赤穂浪士の面々だって、どうやら切腹の作法を知らなかったようなのだ。

元禄16（1703）年2月4日、赤穂四十六士のうち大石内蔵助《くらのすけ》など17人の身柄を預かっていた白金《しろがね》の熊本藩下屋敷《しもやしき》で、熊本藩士の堀内伝右衛門《ほりうちでんえもん》と17人のひとり奥田孫太夫のあいだで、切腹をめぐるやり取りがあったと、『堀内伝右衛門筆記』は記している（『堀内伝右衛門筆記』は、『堀内伝右衛門覚書』『堀内伝右衛門聞書』とも）。

吉良邸に討ち入りして吉良上野介《きらこうずけのすけ》の首を落とした46人は、幕府の命《めい》で熊本藩細川家・松山藩松平家・長府《ちょうふ》藩毛利家・岡崎藩水野家に分けてお預けとなっていたが、この日、四家に幕府から全員切腹の旨《むね》が伝えられた。

そのような状況のなかで、奥田孫太夫（57歳）と堀内伝右衛門（57歳）は、次のような話を交わしたという。

さて私は切腹の仕様《しよう》存ぜず候。いかが仕るものにて候やと申され候につき、我等申し候は、神以《しんもっ》て私も終《つい》に見申したることござなく候。三方《さんぼう》に小脇差《こわきざし》乗せ出し候様に承り及び候。お引き寄せ、肩衣《かたぎぬ》をお脱ぎなさるうちに、三方をお戴きなされなどと申すうちに……。

意訳してみよう。

——奥田孫太夫「私は切腹の仕方(作法)を知りません。どのようにすべきかご教示ください」。これに答えて堀内伝右衛門「実は私も知らないのです。嘘ではありません。切腹が行われている場に一度も立ち会ったことがないのです。人から聞いた話では、切腹の座に着くと、小脇差を載せた三方が差し出されるとか。三方を手前に引き寄せ、肩衣を脱いでいるあいだに、『三方をお戴きなされ』と声がかかるそうです。(そこで三方を両手で戴き頭を下げると……)——。

堀内伝右衛門がそこまで語ったとき、その場にいた冨森《とみのもり》助右衛門(34歳)、磯貝《いそがい》十郎左衛門（25歳）ほか若い赤穂浪士たちが「さてさて、稽古入《い》らざること。いか様にも苦しからず候。ただ首をうけ討たしたるがよくこれ有るべし」と口をはさんだので、切腹問答はそれきりになったと『堀内伝右衛門筆記』は記している。

冨森や磯貝らはまだ若いだけに切腹を前にして気が立っていたのだろう。「いまさら切腹の稽古などしてなんになる。作法などどうでもいいではないか。ただ介錯人に首を打たせるだけだ」と吐き捨てるように語ったというのだ。

細川家に預けられた17人のなかには、冨森と磯貝のほか、片岡源五右衛門（37歳）・近松勘六（34歳）・潮田又之丞（35歳）・矢田五郎右衛門（29歳）・大石瀬左衛門（27歳）らの「若き衆」がいた。彼らもまた同様の気持ちだったと思われる。

◆みごとな最期は難しい

ところで奥田はなぜ自分と同じ50代の堀内に切腹の伝授を頼んだのだろうか。なにも細川家の家臣である堀内に頼まなくとも、17人の浪士のなかには、吉田忠左衛門（63歳）・間《ま》瀬久太夫《せきゅうだゆう》（63歳）・小野寺十内《じゅうない》（61歳）・間《はざま》喜兵衛（69歳）ら年長の浪士がいたし、なにより堀部弥兵衛（77歳）に伝授を頼むべきではなかったか。

共に吉良を討った同志とはいえ、彼らには面と向かって頼みにくかったという事情もあったのかもしれない。それにしても、ほかの浪士も聞いている場で、他家の家臣である堀内に、切腹という武士にとってもっとも重要な作法の伝授を頼んだのは、いささか奇妙だ。浅野家の名誉を汚すことにもなりかねない質問（切腹の仕方を教えて！）を、奥田はなぜ堀内にしなければならなかったのか。

考えられる理由は、堀部弥兵衛ほか奥田より年長の浪士たちも、切腹の作法を心得ていなかったから。奥田はやむなく細川家中の堀内に切腹の伝授を頼まざるを得なかった。私はそう推測する。

浪士たちの切腹から数日後、堀内は切腹前に奥田孫太夫から切腹の仕方を尋ねられたことについて、こう記している。

　四十六人の勇士たち、上野助《こうずけのすけ》（上野介）殿宅へ押込み申されたるとき早く果てたる心にて候へば、以後切腹の心付《こころづけ》も有るべく候様もなく候へば、切腹の仕様を存ぜられずとのこと、もっともに存じ候。

――赤穂浪士たちは、吉良邸に討ち入ったとき命は捨てる覚悟だったので、その後切腹をするなどまったく考えていなかった。切腹の作法を心得ていなかったのも不思議ではない――。

堀内が右のように記した背景には、浪士たちの切腹の仕方についてさまざまな悪評が囁《ささや》かれていたという事情があったようだ。堀内が続けて「色々批判もこれ有るべく候へども」と記していることからも、この辺の事情がうかがえるだろう。

浪士たちの切腹の様子に対する悪評は『本所敵討《ほんじょかたきうち》』と題する史料に記されている。4藩の下屋敷で46人の切腹が執行され、いずれも「脇差取り上げ戴くと同じく首打つ由(三方の上の脇差を捧げ持ち、頭を下げると同時に首を打ち落とされたということだ)」と記したのち、『本所敵討』の著者は、浪士たちを次のように評するのだった。

四十六人ともに大方《おおかた》遅れたるよし。兼ねて助かり申すべしと四家御方《おかた》にて申し聞け置き候故、さすがの者どもに候へども遅れ候。侍は心得有るべきものなり。

――四十六士の多くが、切腹の際に「遅れ」を見せた(恐れうろたえる態度を示した)という。四家に預けられていた彼らは、助命になると聞かされていたから、突然切腹を申し渡され、なおさら動揺と気後れを隠せなかったのだろう。彼らのような勇者でもこのとおり。武士たる者は、いついかなるとき切腹を命じられても気後れせぬよう、日頃から心がけていなければならない――。

◆忘れられた作法

赤穂の浪士たちでも、いざ切腹となると動揺したらしい。切腹といっても、実際には刀を腹に当てると同時に介錯が首を落としてくれる「形だけのもの」だったにもかかわらずである(それだけに切腹が順調に執行されるかどうかは、切腹人の覚悟以上に介錯人の首を斬る技量に負うところが大きい。赤穂浪士が「動揺」を見せたのも、介錯人が経験不足だったためであろう)。

江戸幕府の成立(1603年)から100年でこの状態。事態は時の経過につれてさらに進み、19世紀にもなると、切腹の作法を知らないことを恥じるどころか、そのような知識はそもそも不用であるとする風潮が武士のあいだで蔓延《まんえん》していた。

上野国《こうずけのくに》沼田藩主土岐《とき》家に仕える工藤行広《ゆきひろ》が、このような現状を歎き、若き武士たちのために天保11（1840）年に完成させた切腹の作法書が、『自刃録《じじんろく》』である。『自刃録』は『葉隠』ほど知られてはいない。昭和18（1943）年3月発行の『武士道全書』第十巻に同じく切腹マニュアルである『切腹口決《くけつ》』ほかと共に収録されているから、その後は一部の読者の興味を引いたかもしれない。しかしそれまで注目されたことはなかったようだ。

その証拠に、江戸時代の人物研究で知られる森銑三《せんぞう》は、昭和18年3月号の『理想日本』に掲載された随筆「切腹と介錯と」で、『自刃録』について次のように述べている。

『自刃録』は帝国図書館（現在の国立国会図書館）に影写本らしいものが一冊蔵せられて居り（中略）しかしこの書は従来殆《ほとん》ど人の注意するところとならずにゐ《い》るらしい。依《よ》つてこゝにその一端を紹介して行つて見ようと思う。

ほとんど注目されることがなかった切腹の文献として、以下、森は『自刃録』の内容を簡略に紹介している。

ところが森は同じ年に刊行された『武士道全書』第十巻に『自刃録』が収録されている

ことにまったくふれていない。おそらく森が随筆を執筆したときは、まだ出版されていなかったのだろう。

ちなみに『武士道全書』に収録された『自刃録』の底本は、著名な哲学者で『武士道全書』全体の監修者でもあった井上哲次郎の所蔵本。森が閲覧したのは帝国図書館(現在の国立国会図書館)の所蔵本だったようである。

◆介錯の外部委託も

あまり注目されなかった『自刃録』。とはいえ、江戸時代の文献に通じた森銑三が「その内容からは教へらるゝものが多く、今日《こんにち》の私等が読んでも、参考に資《し》せらるゝところが少《すく》からぬ」と評しているように、詳細な切腹マニュアルであり貴重な資料であることに違いはない。

介錯や検死を含めた切腹の儀式はどのように行われるべきなのか。その具体的な作法を説く前に、著者の工藤行広は、まず切腹の作法すら忘れかけている当時の士風の衰えを慨嘆しないではいられなかった。長いので意訳すると、近頃では武士の気風が衰え、切腹の作法すら心得ていないようだ。大名が幕府から武士（旗本以上）の罪人を預けられ切腹させる段になっても、家来のなかに介錯を務める者がいない。しかたなく外部から罪人の首を斬る者を雇い、切腹が行われる日だけ家来にして、これにすべて任せっ切りにする場合もすくなくない。

まったく恥ずべきことだが、罪人を預けられた大名家では、幕府から預かった罪人の切腹に仕損ないがあっては失礼であるという臆病な理屈をつけて介錯（首斬り）の巧者を雇い入れ、「一日家来」に仕立て、あたかも家来が介錯を務めたように装うのだ。

介錯を満足にできる家来がいないので、将軍家「御様御用《おためし》（将軍家の刀剣の試し斬り担当）」を務める山田浅右衛門の門弟など首斬りの名手を雇って、これに一任するケースがあるというのである（山田浅右衛門とその門弟たちについては、拙著『大江戸死体考』に詳しい）。

介錯の外部委託（アウトソーシング）。工藤行広に言わせれば恥ずべきこと以外のなにものでもなかった。彼は「士たる者、人の首を討ち落とすほどの事の出来ぬといふは無き事なり（仮にも武士ならば、首を打ち落とせないはずはない）」と言い、「外より切人《きりびと》を頼むなどゝは、武士道不案内《ぶあんない》とや言はん。苦々しき事なり（介錯の外注など武士の道を心得ぬとんでもないことだ）」と不快感をあらわにするのだった。

とはいえ憤慨ばかりしていても、事態は改善されない。工藤は、以下、切腹の段取りを「場所を設《もう》る事」「近世御預《おあずかりにん》人切腹の次第」「検使《けんし》心得の事」「介添《かいぞえ》の事」「介錯の事」「切腹人の事」「切腹人を饗応する事」「用意道具の事」「切腹人身支度ならびに死骸扱《あつかい》の事」「預人受取ならびに諸事心得の事」「切腹する人に出会《であい》たる時の事」「穢《けがれ》を厭《いと》ふまじき事」「殉死《じゅんし》の事」に分け、さまざまな前例や異説を挙げながら、詳細に解説している。それによって同時代の士風の衰退に歯止めがかかることを期待しながら。

例によって、本書で『自刃録』のすべてを紹介する余裕はない。テーマごとに重要な箇所を抜き出し意訳するに留まるが、それでも武士にとって究極のマニュアルである切腹の作法の概要が、鮮やかに照らし出されるだろう。

◆死穢《しえ》を嫌うな

まずは「場所を設る事」、切腹を行う場所を設ける際のマニュアルである。

切腹はどこで行われたのか。工藤によれば、幕府から罪人を預かった大名家では、屋敷（江戸藩邸）の座敷か庭で、夜陰《やいん》に及んで行われるのが普通だという。近頃は屋敷の庭や空き地に、切腹用の建物を仮設するようだが(「近世の場所こしらへは、座敷にての切腹なれば、庭先或《あるい》は明地《あきち》などへ、建出《たてだ》しをして行ふなり」)、これはよくないと述べている。切腹用の座敷を仮設し、切腹の儀が終了すると撤去するのは、死の穢《けが》れを嫌うからだが、屋敷で切腹の死穢《しえ》を嫌うなど、本来戦士である(死穢にまみれて戦うのが本領であるはずの)武士にあるまじきことだというのである(「士の家に、刃傷《にんじょう》、切腹等の死を穢《けがれ》とするは、未練《みれん》の至りなり」)。仮設であっても座敷は座敷。では庭に場を設ける場合にはどのような注意が必要か。

庭にての切腹には、場所まで、はき物なくて行《いく》やうに、敷物《しきもの》をすべし。これは人により て上気《じょうき》する時は、はき物足にかゝらず、又ぬけたるも知らぬことなど有るものなり。左様のことある時は見苦しければ、敷物するがよし。

庭に設けた切腹の場まで切腹人が履き物なしで行けるよう、敷物を敷くように。あの世へ旅立つ切腹人に対する敬意の表れ? そうではなく、切腹の瞬間を目前にして恐怖と興奮で精神の平静を失った切腹人は、草履を履いたつもりでもちゃんと履けず、足から脱げても気がつかないことが珍しくないからだという。そんなことになったら醜態そのもの。切腹人に恥をかかせないためにも、敷物が不可欠だというのだ。

以上は、幕府から大名家に預けられた罪人が切腹する場合。大名家では、ほかに大名家（藩）が独自の判断で命じる「藩中手切（手限《てぎり》）の切腹」も行われた。

その場合は、大名の屋敷の中でも周縁地にある下屋敷で行うのが望ましいという。士道に則《のっと》る切腹といっても死刑に違いはないので（「矢張《やはり》死刑なれば」）、将軍の居所である江戸城に近い上屋敷ではさすがに遠慮すべきだというのだ。切腹の死穢を嫌うことを批判した工藤も、処刑の不浄はやはり無視できなかったようである。

◆爽《さわ》やかに告げ速《すみ》やかに執行せよ

次の項目「近世御預人切腹の次第」は省略。「検使心得の事」に移りたい。

検使は、切腹の場に立ち会い、切腹を見届ける役だが、同時に罪人に切腹を申し渡す場合もあった。ここでいう「検使心得」は、主に切腹を申し渡す際の心得である。

申渡しは随分爽かに述べし。長文なるをあまりに大音《だいおん》に云出《いいだ》して、跡《あと》ほど次第に細るには、臆《おく》したるに聞こえ、また始終小音《しょうおん》なるも、なおさら宜《よろ》しからず。随分仕廻《しまい》ほどたしかに申し述べし。かりそめにも臆する色なく、勇気するどく見ゆる様にすべし。

――切腹を申し渡すときは、罪状書を、はっきりとした口調でよどみなく読まなければならない。罪状を記した文章は長文なので、あまり大声で読み始めると、後のほうは（疲れて）声が小さくなりがちだ。これでは臆したように思われてしまう。かといって、始めから終わりまで小声では、なおさらよくない。最後のほうをできるだけしっかりした口調で読むのがコツである。微塵《みじん》も臆した様子を見せず、勇気鋭き印象を相手（切腹人）に抱かせるようにすべし――。

切腹を申し渡された当人から、行水《ぎょうずい》で身を清めたいとか酒食を賜《たまわ》りたいなどの要望があっても、無条件に叶えてはならないとも述べている。

なぜか。いかに武士の心がけのある者でも、切腹の直前は平常心ではいられない。行水や飲食のあいだに死の決意が鈍《にぶ》るおそれもあるからだ。したがって切腹を申し渡したら、あまり間隔を置かず切腹させなければならない。特に切腹人が平常心を失っていると見たら、「少しも早く死につかしむべし」と工藤は教えている。すこしでも早く切腹を終了させるのが、検使を務める者のもっとも重要な心得だというのである。切腹人の心が揺れ動かないうちに、1分でも1秒でも早く。

◆介添えは屈強な者でなければ

次は「介添の事」。「介添」は、切腹人の着替えから切腹まで、切腹人に付き添ってその世話をする者のことで、首を斬る「介錯」とは別人である。幕府から預けられた人（「御預人」）の切腹の場合は6人ほど。藩が独自に執行（「藩中手切」）する場合は2、3人で務めるという。

介添は腰に刀を差さないが、懐中に小刀を用意し、体力胆力とも優れた者が選ばれた（「随分勇気力量ある者を撰《えら》むべし」）。なぜなら介添は、切腹人が暴れたときは取り押さえ、緊張と恐怖で立てなかったり歩けないときは、助け起こし、手を添えなければならないからである。

それればかりではない。『自刃録』は、介添が切腹の際に切腹人の後ろに着座する理由をこう記している。

この心得は、自然異変の時など、組伏《くみふせ》、押へて首を討たすべく、品《しな》に寄り刺し通して

［懐剣を以《もっ》てするなり］討たするなり。介錯人切り損じて、当人立つことなど有《ある》べし。その時押へて討《うた》するなり。（［　］内は細字双行）

――介添が切腹人の後ろに控えるのは、万一切腹人が暴れたとき、これを組み伏せ（介錯に）首を打たせるためだ。場合によっては、介添自身が懐剣で切腹人を刺しておとなしくさせることもある。介錯が首を斬り損じ、切腹人が（苦痛のあまり精神が混乱して）座を立つこともあるだろう。そのようなときに介添が取り押さえて打たせるのである――。

◆首を斬るタイミング

切腹の主役は、言うまでもなく切腹をする当人（切腹人）である。しかし切腹人が実際に腹を切らないうちに介錯に首を落とされるのが切腹の定式《じょうしき》になると、介錯が切腹の主役となった。おのずと『自刃録』でも介錯の心得を記した「介錯の事」が重要な部分を占めている。

一口に介錯といっても、介錯（大介錯とも）・添《そえ》介錯（助《すけ》介錯とも）・小《こ》介錯の三役があり、切腹人の首を落とす介錯が第一の役。添介錯は短刀を載せた三方を持ち出す役で、小介錯は切腹終了後、首を実検に供える役だという。

介錯(大介錯)の心得から見てみよう。心得は、まず介錯の役を申しつけられたときに取るべき態度から始まる。

介錯申し付くると有る時、待ちかけたる様に悦《よろこ》び顔《がお》に請《うけ》をするもいかゞなり。また気の毒なる体《てい》も然るべからず。まずは辞すべき事か。よく切りて手柄《てがら》にあらず。切り損ずれば恥辱なり。しかし不調法《ぶちょうほう》などゝ云《と》ふべからず。士たるもの、人の首討つ事、不調法にては済まざる事なり。されば若き者などは、巧者の有《ある》べしなど、申し、老人ならば、若手達者《たっしゃ》もござ有るべきになど、申すべし

――介錯を命じられたとき、待ってました!と嬉しそうな表情を見せて快諾するのは感心しない(まるで人の不幸を喜んでいるようだから)。かといって、困った様子を見せるのもよくない。とりあえず辞退すべきだろう。みごとに首を落としても手柄にはならないし、失敗すれば恥をさらすことになるからだ。しかし(辞退するとき)「不調法なので(うまく斬れそうにないので)」などと言ってはいけない。仮にも武士たる者が「首をうまく斬れない」

は言い訳にならない。

ならばどのように辞退すべきか。若者ならば「私よりふさわしい巧者がいらっしゃるはずです」と言い、老人ならば「若くて力量優れた者がほかにいるではありませんか」と言えばよい――。

工藤は「よく切りて手柄にあらず」と書いているが、俗に「誉《ほめ》られぬものはよく切《きれ》た首」(『黒甜瑣語《こくてんさご》』)とも言い、介錯を無難に務めても褒《ほ》められないのは常識だったようだ。骨折り損のくたびれ儲け。ならば介錯など辞退するに越したことはないというわけである。

といっても辞退が許されるとは限らない。辞退が許されず介錯の役を命じられた場合は、切腹人の刀を所望《しょもう》するか、上(主君)から刀を賜るように願うべきだと工藤は教えている。介錯は介錯人自身の刀で行わないのが故実《こじつ》(先例)だった(「介錯人、自分の刀にては致さゞる事故実なりと云《いう》」)。続きは意訳で。

――切腹人の刀を所望するときは、切腹人にこう言えばよい。「介錯は貴殿の刀を借用して行いたい。愛刀ならば貴殿も安心して身を任せられるだろうから」。しかし切腹人がどうしても介錯人の刀で斬ってほしいと言うなら、切腹人の望みどおりにすべきだ――。

それにしても、介錯人はなぜ扱い慣れた自身の刀を使うのを嫌がったのだろうか。工藤は、自身の刀で首を斬り損なうと恥になるという理由を挙げたうえで、そもそも武士たる者は首を斬れないような刀は差すべきではないので、切腹人が強く希望するなら、介錯人は自身の刀を用いるべきだと述べている。

さて、いよいよ切腹の段になったとき、介錯はどのようにふるまうべきだろう。工藤は以下のように言う。

――添介錯の者が短刀を載せた三方を切腹人の前に置く頃、介錯は身構えをする。そして切腹人が三方を引き寄せようとして手を伸ばし、首筋がわずかに伸びた瞬間を見計らって、首を打ち落とす――。

要約すると右のように単純だが、首を打ち落とすには高度な技が必要だった。

介錯が切腹人の首筋に刀を振り下ろすタイミングもさまざまで、工藤は「三ッ《みっつ》の規矩《きく》」「四ッ《よっつ》の間《ま》」の計7つの「討ちどき」を挙げている。あまりに細かすぎると思われるかもしれないが、切腹マニュアルの例として、ご紹介しよう。まず「三ッの規矩」から。

①短刀を戴く時（切腹人が三方の上の短刀を捧げ持つとき）
②左の腹を見る時（切腹人が短刀を手に自分の左の腹を見つめているとき。首を下げ首筋が伸

びている）
③腹へ突き立《たて》る時（短刀を腹に突き立てるとき）

右の3つの機会を外すと、首は落とせないというのである。
次の「四ッの間」では、首を斬る機会を4つ挙げている。ちなみに工藤は4つのうち、
①は「早過《はやすぎ》たり（早すぎる）」と評している。

①台を居《すえ》て退《の》く時（添介錯が切腹人の前に三方を置いて引き下がったとき）
②台を引寄《ひきよせ》る時（切腹人が三方を手前に引き寄せるとき）
③刀を把《と》る時（三方の上の短刀を取ろうとするとき）
④腹へ突立《つきたて》る時（前述）

どのタイミングで切腹人の首を打ち落とすべきか、諸説はあるが、つまるところ、わずかなチャンスを逃さずできるだけ速《すみ》やかに打ち落とすのが望ましいという（「畢竟《ひっきょう》は少しも規矩合《かねあい》の延《のび》ざる様に、早く討ち落とすをよしとするなり」）。

◆首の皮1枚残すのが理想だが

無事首を落としたあとで、介錯人は立て膝の姿勢をとって懐中の白紙で刀の血を拭《ぬぐ》い、鞘《さや》に収める。

次に行われるのが「首実検」。小介錯の者が進み出て、首を取り上げて検使に見せ、検使から「見届候《みとどけそうろう》（確かに見届けた）」と言葉があって、介錯の務めは終わる（なお『自刃録』には、小介錯ではなく介錯人が切腹人の首を実検に供える場合の作法も記されているが、これは省略する）。

首を斬られても、切腹人の胴が倒れないときはどうすべきか。工藤は「そのような場合は前に突き倒すか、足の先を取って引き倒せ」（意訳）と教えている。

介錯の心得のなかで、とりわけ奥深いのは首の斬り方だ。理想的な首の斬り方とは……。

　介錯は、首を落としきらず、少し残し置き、首の逆さまに下がり候ところを、たぶさを取り、引き上げて掻取《かいど》り、実検に入るが本式なりと云。

切腹人の首は完全に斬り落とさず、（胴体に）逆さまにだらりとつながっているようにするのが本式(本来の正しい斬り方)だという。

いわゆる「皮1枚残した」首の斬り方だ。なぜこのように斬るべきなのだろうか。工藤によれば、首が完全に胴体から離れ落ちるように斬ると、切腹人(の首)がまばたきをしたり地面の石や砂に噛みついたりするからだという。切腹人に恥をかかせないためにも、わずかに胴体につながっているように首を斬るのが理想的だというのだ。

といっても、工藤はこのような斬り方を勧めているわけではない。むしろ逆。理想を追い求めるあまり首を斬り落とすという介錯の基本を忘れてはならぬと戒めている。

　しかしこの切り残す曲尺《かね》合至《あいいたっ》てむつかしからん。ケ様《かよう》の事にくつた《屈託》くすると、切り損ずることも有るなり。切り損じて見苦しきより、十分に打ち落とす方然《しか》るべし。

高度な技を発揮して理想的な介錯をしようとこだわりすぎると、かえって首を斬り損じる可能性が高くなる。斬り損じて醜態をさらすより、完全に斬り落としたほうがずっといい、というのである。

工藤は、切腹人の前に短刀を載せた三方を置く添介錯の心得についても詳しく記している。三方は切腹人から三尺（約90㎝）ほど離して置くのがよいが、これには理由がある。すでに述べたように、置かれた三方に切腹人が手を伸ばすとき、介錯人が首を打ち落とす好機が生まれるからである。

工藤は言う。もし切腹人が三方に手を伸ばさなかったら、添介錯の者から「御戴《おいただ》き候へ（三方を捧げ持つように）」と声をかけるべきだ。彼はまた、切腹人が「もそつとこなたへ（三方をもっと近くに）」と望んでも、「これが定法《じょうほう》でござる（この位置に置くのが作法です）」と断り、三方を押さえた添介錯の話を紹介している。

「兎角《とかく》に前へおびく工夫をするなり」。切腹人の体が前方に伸びるように（すなわち介錯が首を斬りやすくなるように）工夫を凝《こ》らすのが、添介錯の務めであるという。

◆突き立てるのは最深1・5㎝まで

さて、ようやく切腹の主役である切腹人の作法（「切腹人の事」）にたどり着いた。

切腹人はどのように腹を切るべきなのか。要点を記したくだりを、まずは原文に近い形でご紹介しよう（前にも述べたとおり、本書では句読点を補ったほか、仮名を漢字に換えたり漢字を仮名や正しい漢字に換えたりしているので、厳密には原文どおりではない）。

切腹の作法は、その座に直《なお》り候と、検使へ黙礼し、右より肌を脱ぎ、左を脱ぎ終わり、左の手にて刀を取り、右の手を添へ、押し戴き、切先《きっさき》を左へ向け直し、右の手に持ち替へ、左の手にて三度腹を押しもみ、臍《へそ》の上一寸ばかりの上通りに、左へ突き立て、右へ引き廻すなり。あるいは臍の下通りが宜《よろ》しと云ふ。深さ三分か五分に過ぐべからず。それより深きは廻り難きものなりと云ふ。

例によって意訳を試みると。

——切腹の座に着いた切腹人は、検使に黙礼したのち上下《かみしも》の肩衣《かたぎぬ》を右から脱ぎ、左を脱ぎ終えたところで左手で三方の上の短刀を取り、右手を添えて押し戴く。切っ先を左へ向け直して短刀を右手に持ち替え、左手で腹部を三度押しもんだのち、短刀をヘソの1寸(約3㎝)ほど上の左脇腹に突き立て、左から右へ腹を切っていくのである。

短刀を突き立てるのは、ヘソの上ではなく下のほうがいいという説もある。いずれにしろ腹に突き立てる深さは3分《ぶ》かせいぜい5分くらいに止めるべきだ(1分は1寸の10分の1で、5分は約1・5㎝)。それ以上深く刃を入れると、(短刀が肉にはさまれ)腹がスムーズに切れなくなるからだ――。

右はあくまで切腹の本来の作法（原型）であると断ったうえで、切腹の際に用いられる短刀についてもふれておこう。これは「切腹人の事」ではなく「用意道具の事」で記されている。

切腹の短刀は、九寸五分が故実なりといへども、八九寸のものなればよし。白木の三方に載るなり。（中略）短刀の仕立て様は、柄《つか》を抜き［右柄あらば目釘《めくぎ》を抜くべしといふ］、奉書紙にて逆にくるくると巻く［また布にても巻くといふ］。

――短刀は武家の故実（作法の先例）では刀身の長さが9寸5分のものとされているが、8寸か9寸のものであっても構わない。これを白木の三方の上に載せる。短刀は、柄《つか》（握る部分の木の柄）を刀身から抜き取り、刀身を奉書紙でぐるぐる巻きにしたものを用いる。柄を抜かない場合は、目釘《めくぎ》（刀身が柄から抜けないようにするための釘）を抜き、また奉書紙の代わりに布で刀身を巻くこともある――。

刀身の寸法はともかくとして、どうして短刀は柄や目釘を抜かなければならないのだろうか。

『自刃録』の著者の工藤行広は特にその理由を述べていない。述べる必要がないほど自明のことだったからである。

理由は、切腹人が切腹を拒んで、短刀で検使や介錯ほかに斬りつけても、大きな害をこうむらないようにするため。柄のない短刀や、目釘を抜かれていつ柄から刀身が抜け落ちるかもしれないような短刀では、たとえ切腹人が剣の達人であったとしても、満足に戦えない。切腹人の反抗を予防し、切腹が無事行われるよう、短刀は柄を外されるか目釘を抜かれなければならなかったのだ。

◆江戸前期には廃れた〝壮絶な切腹〟

とはいえこんな心配は切腹が本来の作法で行われる場合のこと。すでに江戸時代前期の17世紀末には、切腹人が自身で腹を切ることなく介錯人によって首を斬られるのが通常の切腹の作法になっていた。

腹を切らない切腹。おのずと三方の上にも、真剣の短刀ではなく、木剣や扇子が置かれるケースが稀《まれ》ではなくなった。工藤も「近代木剣を用ひしも有《ある》ときく（近年では短刀ではなく木剣を用いることもあるそうだ)」と記している。切腹が顕著に形骸化《けいがいか》したのである。

短刀が載っていても、切腹人が手に取れないようになっているケースもあると、工藤は記している。

切腹人の腹を切るための短刀なのに、当の切腹人が手に取れない仕組みとは。

短刀を動かぬ様に、三方へ結付《ゆいつけ》ても有るなり。畢竟《ひっきょう》用に立てさせず、また異変の事あやぶめば、かくするもよきにや。考ふべし。

なんと、切腹人が短刀で腹を切ったり、刃向かったりせぬように、短刀を三方にしっかり結いつけておく場合もあるというのだ。

さすがに工藤はこのような方法を全面的には認めていない。いくら切腹が形だけのものになってしまったとはいえ、ここまでするとは……。昨今の武士道の衰えを感じて慨嘆したに違いない。

それでも「かくするもよきにや(切腹を滞りなく執行するためには、短刀を三方に結いつけて取れなくするのも、いい方法なのかもしれない)」と評したのは、武士が自ら腹を切る切腹がほとんど行われなくなっていたから。ならば危険防止のためにはいい方法かもしれないと、その効果を認めざるを得なかったのであろう。

一方で『自刃録』には、昔の名のある武士たちが介錯なしで腹を十文字に切った例や、腹を切るばかりか、自ら腸をつかみ出して叩《たた》きつけた例など、壮絶かつ陰惨《いんさん》な話が幾つも挙げられている。

しかしこれらはあくまで武士が戦士だった時代の話だ。工藤が生きた江戸末期には、武士に勇壮な切腹など期待できないことを工藤自身が誰よりも承知していた。

◆誰のためのマニュアルか

名誉の切腹といっても、江戸時代に行われた切腹のほとんどは、幕府や藩による武士の処刑である。当然ながら切腹人の死骸の取り扱いも、今日《こんにち》われわれが想像するほど丁重ではなかった。

最後に「切腹人身支度ならびに死骸扱の事」から、切腹人の死骸の扱い方の作法を見てみよう。工藤は切腹人を片付ける作法を次のように記している。

死骸を取り仕舞《しま》ふには、柄杓《ひしゃく》の柄《え》を抜き（中略）柄の方を切り口より胴へ突込《つっこ》み、先の方へ首を継ぎ合はせるが故実なりと云ふ。肌を脱ぎたる、または肩衣をはねたるなどは元の通りに直し、下に敷きたる風呂敷にて包み、棺に納めるなり。

切腹人の死骸を片付けるためには、まず介錯によって斬り落とされた首を胴に継ぎ合わせる。その際に用いられるのは、水汲みの柄杓から抜き取った柄《え》の部分である。柄の一方の端を（首が斬られた）胴の切り口に突っ込み、もう一方の端を首の切り口に突っ込んで、胴と首を元のようにつなぐということらしい。

柄杓の柄を利用して、首と胴をその場で継ぎ合わせるのは、確かに費用と手間を節約した「賢い方法」だ。しかし、いやしくも切腹して果てた武士の亡骸《なきがら》を扱う方法としては乱暴すぎない？と感じる読者も多いに違いない。しかしこれが「故実」、伝統的な作法であると記されている。

さて、それからどうするのか。『自刃録』には、胴に首を継いだ死骸は、着衣を整えたのち切腹の際に敷かれていた風呂敷（蒲団の場合も）に包んで棺桶に入れるとある。

右からうかがえるように、切腹人の死骸は、死者を悼《いた》む余裕もなくマニュアルどおりに速やかに処理された。「速やかさ」は、死骸の処理に限らず、切腹全般について求められた。『自刃録』が著された江戸時代末期には、切腹は変事が起きる時間も与えないほど速やかに執行されるのが理想的だったのである。

切腹マニュアルは、切腹する本人のための心得ではなく、切腹を速やかに執行し、確実に切腹人の命を絶つためのものだった。

繰り返そう。江戸時代の代表的な切腹マニュアルである『自刃録』でも、事を滞りなく速やかに済ませよ、という事なかれ主義が顕著だった。そこには切腹の意義や誉《ほま》れ高き自害に対する敬意など、ほとんど感じられない。もっとも当時の切腹は、そもそも切腹とは名ばかりで実際には斬首刑だったから、切腹人に敬意が払われなかったのも当然かもしれないのだが。

第7章

武士を生きる

◆武士の変貌

幕府旗本の新人心得から切腹の作法まで、さまざまな武士マニュアルを見てきたが、一口に武士といっても戦乱の世と平和な時代では求められる行動や資質に大きな違いがあることがおわかりいただけたと思う。

本書で取り上げた武士マニュアルを、ざっと振り返ってみよう。

『番衆狂歌』は、江戸時代中期以降、泰平の世の番衆新人心得ともいうべきマニュアルだった。番衆は旗本の武官だが、狂歌に詠《よ》まれたマニュアルのほとんどは、武術とは無縁の、職場における気配りの数々である。

これではあまりに武士らしくない(現代のサラリーマンとたいして変わらない?)と、次に紹介したのが戦国時代の剣客塚原卜伝の作と伝えられる『卜伝百首』だった。こちらは同じ武士でも一転して実戦的。命のやり取りを業《なりわい》とする戦士(武士)のマニュアルだけに緊張感がある。武具の選び方。血なまぐさい戦場での心得。加えて徹底した女性不信。

『番衆狂歌』と『卜伝百首』の中間にあるのが、18世紀前期、元禄時代の後に老武士によって著された『武士としては』である。

成立の時期だけでなく、内容においても両者の中間で、泰平の時代にふさわしい言動や人間関係を求められる一方、それでも武士らしさを取り繕《つくろ》い武士の面目を維持しなければならなかった当時の武士たちに、著者はさまざまな知恵を授けている。

人を恨むな。人に恨まれるな。堪忍を第一にして敵を作るな。戦《いくさ》は起こらなくなっても地震や火事という非常事態は頻繁に発生したから、武士にとって災害対応マニュアルは欠かせない。おのずと地震の予知や発生直後の対応に関する記述が豊富である。

『武士としては』とほぼ同じ頃、地方でも『志塵通』や『老士物語之ヶ条覚書』のような武士マニュアルが著された。前者は兵法家《ひょうほうか》でもある庄内藩士小寺信正の著。後者は『葉隠』の語り手である元佐賀藩士、山本常朝の著とされている。試し斬りの検分の方法、武士にとって言葉を発するタイミングの大切さ等々。これらの内容も興味深かった。

江戸時代の武士のサラリーマン的なマニュアルが現代人にとってもっとも親しみ深いものだとすれば、もっとも親しみを感じないのは切腹のマニュアルだろう。とはいえ切腹は武士を語る際に避けては通れない。ということで最後に取り上げたのが、江戸末期に工藤行広によって著された『自刃録』である。

『自刃録』についての記述は長すぎる、内容が陰惨で読むに堪えないとご不満の読者もいらっしゃるに違いない。それを承知で紹介したのは、切腹が（たとえ江戸中期以降、多くは腹を切らないうちに介錯人に首を落とされる処刑と化していたとしても）、武士の象徴的儀式であったと考えたからだ。

◆情けないマニュアル

同じ江戸時代でも、初期と後期の武士の精神構造はすくなからず異なっているし、幕臣のなかでも、経理や書類の審査・作成を担当する役職の者と武官では、「武士はかくあるべし」という武士のイメージに差異があったに違いない。

江戸時代の武士たちが、武士であることにどのようなイメージを抱いていたか。彼らにとって武士のアイデンティティー（自己認識）とは。

この問題に歴史学的に答えるのは、簡単なようで実は難しい。江戸時代も半ばを過ぎると、幕府も藩も「軍事組織」である以上に「複雑な司法行政組織」と化し、おのずとそれぞれの部署にさまざまな人員が配置されるようになるからだ。戦士である武士が役人として書類を作成するのではなく、「刀を差した事務職」が多くの武士の現実の姿だった。

もちろん薩摩藩などのように、幕末になっても尚武《しょうぶ》の気性が強烈な藩もあったが、それは例外で、経済や社会が変化するなか、武士だけが昔ながらの古武士の作法を墨守《ぼくしゅ》しているわけにはいかなかったのは当然であろう。

おのずと武士マニュアルにも大きな変化が見られるようになるのだが、そのもっとも情けない例は、嘉永6(1853)年10月に緊急出版された『甲冑着用指南《かっちゅうちゃくようしなん》』かもしれない。

同年6月にペリー率いる米国艦隊が浦賀に来航すると、幕府の旗本たちは甲冑(鎧《よろい》)を買い揃えようと具足師のもとに殺到し、甲冑はたちまち売り切れたという。あろうことか、まともな甲冑さえ持っていない旗本がすくなくなかったらしい。

『甲冑着用指南』は、文字どおり甲冑の着方を図入りで解説した書。兜・胴甲《どうこう》・籠手《こて》・臑《すね》当《あて》ほかの図と、それらを身につけていく手順、さらに「速着之次第《はやぎのしだい》(素早く着用する方法)」といった「秘伝」まで易しく記されている。緊急出版といったのは、ペリー来航後、甲冑の着方さえろくに知らない武士のあいだで甲冑の需要が急速に高まった時期に出版されたからだ。泰平の眠りを覚まされた武士たちにとって、まさに喉から手が出る一冊だったに違いない。

◆風化する「相身互《あいみたが》い」

同じような例はほかにいくつも挙げることができるが、ここでは武士間の助け合いの慣習の変化に注目してみたい。

昭和37(1962)年に公開された映画『切腹』(小林正樹監督作品で、原作は滝口康彦の小説『異聞浪人記』。2011年『一命』のタイトルでリメイクされた)の大筋は次のようなものである。

——寛永年間(1624—44)のある日、外桜田にある彦根藩邸(藩主は井伊家)を訪れた浪人津雲《つくも》半四郎は、井伊家の家来たちと壮絶な斬り合いの末、力尽きて惨殺された。なぜこのような事件が。発端は、半四郎の娘婿《むすめむこ》が同藩邸でなぶり殺し同然に命を奪われたことだった。

この当時、浪人が藩邸を訪れ、「玄関先をお借りして腹を切りたい」と申し出て、金銭を与えられて帰る、一種のたかり行為が頻発していた。生活に窮した半四郎の娘婿もまた、切羽詰まって彦根藩邸を訪れ、同様の行為を試みた。ところがたかりと察した彦根藩邸では、「ならば切腹めされよ」と切腹を迫り、娘婿は腰に差していた竹光《たけみつ》(竹を削って刀身とした偽刀。本当の刀は生活に困って金に換えてしまっていた)を腹に突き立て無残な死を遂げた。刃のない(切れない)竹光で切腹する。それは想像を絶する苦痛をともなう極限の自害である。井伊家の武士たちは、浪人とはいえ同じく武士である半四郎の娘婿に、残酷極まる死を強《し》いたのだった。半四郎はそんな井伊家の扱いに憤慨し、死を覚悟で同邸を訪れたのである——。

親類も知人もいない大名屋敷（藩邸）を突然訪れて、仕官《しかん》（就職）を願ったり、金銭の援助を求めたりする浪人の姿は、小説や映画の世界だけでなく、いくつかの藩邸の史料にも記録されている（その事例は拙著『江戸藩邸物語』ですでに紹介しているので、ここでは挙げない）。

それにしても、浪人たちは、仲介者も知人もいないのに、どうして臆面《おくめん》もなく藩邸を訪れ、再就職や金銭の援助を求めたのだろうか。背に腹は替えられぬと、武士の面目などかなぐり捨ててしまったのだろうか。

浪人が生活苦のため厚顔無恥《こうがんむち》だったというだけでこの問題は解決できない。ここで思い起こされるのが「侍は相身互い」。おそらく江戸幕府が成立するずっと前から慣習化していた、武士たちの互助精神を表現する言葉だ。

武士はたとえ戦場でどんなに活躍しようと、主君の家が滅亡して浪人となれば、その戦功を証明するのは容易ではない。そんなときに頼りになるのは同じ戦場にいた武士の証言だった。敵味方の別なく、ほかの武士の証言があれば、それをもって戦闘能力（戦功）の証《あか》しとし、希望する仕官先に自身を高く売り込むことができた。

そのような必要もあって、武士の世界では、主君の別を越えてゆるやかに連帯する慣習が生まれた。それは、いつ主家が滅び浪人になるかもしれない時代の武士たちにとって、一種のセーフティネットの役割を果たしていたともいえる。より待遇のいい仕官先に再就職するための手段だった場合もあったであろう。

いつか自分も浪人になり、再就職先を探し歩くことになるかもしれない。多くの武士がそう覚悟していたからこそ、明日のわが身である浪人たちに情けを示す作法が生まれた。したがって生活に窮した浪人が、見ず知らずの藩邸を訪れて慈悲を乞い、仕官や金銭を求めたとしても、それは必ずしも破廉恥《はれんち》な行為ではなく、「侍は相身互い」や「士《さむらい》は互い事」という武士の世界の互助慣行に則《のっと》った行為だったと考えられる。すくなくとも浪人たちはそう考えていたに違いない。

ところが幕府が確立して戦がなくなり、武士が幕臣や藩士としてそれぞれの所属（幕府や藩）に定着するようになると、状況は大きく変化する。武士の世界では所属する組織内での上下関係がなにより重視され、待遇のいい仕官先を求めて主君を渡り歩く慣行も急速に色あせたからである。

もはや見ず知らずの浪人に対して、同じ武士として助け合いの精神を発揮するケースは稀《まれ》になる。「頼む」と言われれば、突然駆け込んできた者でも、理非を問わずに保護する場面もめったに見られなくなる。

◆秘するが腹

それまで武士が戦士として共有していたさまざまな作法が、17世紀半ば頃から、しだいに通用しなくなった。名ばかりの(実際に腹を切らない)切腹が定着したのもこの頃からである。

修正された武士の作法、マニュアル。それでも潔い切腹は武士の証明と見なされ続けた。犯した罪や失敗の責任を取って腹を切る行為は、悲壮感あふれる武士道の伝統と讃《たた》えられたのである。

今日《こんにち》でも日本人は「切腹」が大好きだ。ボクシング界の若きホープが、負けたら切腹すると豪語した(負けても切らなかった)のは記憶に新しいし、2008年の北京オリンピックで不本意な成績に終わった日本柔道チームの監督もまた「腹切るか考えないと」と語ったという。そして近年では、暴力団幹部との親密な交際が原因で芸能界を引退した大物お笑いタレントも。

実際に腹を切らないようになってからも、切腹の覚悟を固めて事に当たることが、日本男児のよき伝統だったということだろうか。それにしても昨今の切腹発言は軽すぎる。

天明7(1787)年6月、64歳の高齢で江戸町奉行を拝命した旗本石河政武《いしこまさたけ》は、床の間に白木の箱を置き、朝夕うやうやしくこれを捧げ持ったという。箱の中身はなんだったのか。石河自身は秘して語らなかったが、箱の中には切腹の際に用いる「水色無紋《むもん》の上下《かみしも》」と「九寸五分の短刀」が入っていたと伝えられている(『流芳録《りゅうほうろく》』)。在職中にしくじったら即座に腹を切る覚悟で、町奉行を務めたのである。その緊張感が老体に災いしたのだろうか、石河は就任後わずか3ヵ月あまりで没してしまう。

切腹(切腹の覚悟)をめぐる美談は、明治以降も事欠かない。

日本の医療・衛生制度の確立に尽力した石黒忠悳《ただのり》は、明治3(1870)年、ドイツに留学する親友の長井長義《ながよし》に洋服を贈る際、その中に短刀を忍ばせた。短刀には、留学の成果が挙がらなかったら、これで「切腹せよ」という激励の気持ちが込められていた(『懐旧九十年』)。

これらの例を振り返れば、柔道の監督の発言はもとより、若きボクサーの血気盛んな豪語も、とやかく批判すべきではないと思われるかもしれない。いかにも日本男児らしくていいじゃないか、と。

待ってくれ。石河や石黒と彼らが決定的に違うのは、昨今の切腹発言がマイクに向かって声高に行われたのに対して、石河や石黒は「切腹する」とも「切腹しろ」とも言葉に出していない点である。人知れずその用意を怠らなかった石河と、ひっそり短刀を与えて親友を奮い立たせようとした石黒。その行為には、はったりや言葉のあやで「切腹」を公言する軽薄さは微塵《みじん》も感じられない。

◆川路聖謨《かわじとしあきら》の最期

腹を切るなんて絶対口に出してはいけない。19歳の孫にそう諭《さと》したのは、幕末の政局や外交において独自の存在感を発揮した旗本の川路聖謨だった。

文久2（1862）年、62歳の川路は、孫の太郎に御奉公（公務）でしくじったときの心得を教示している（『川路聖謨遺書』）。

——むやみに失敗を恐れていたら忠義（職務）をまっとうできないが、かといって失敗を厭《いと》わぬような態度を示したり、しくじったら腹を切るさ、と虚勢を張ったりするのはもってのほかだ——。

川路はまた、戦場で討ち死にするのが武士の本分であり、戦にも行かず自分から腹を切ると宣言するのは、「わからぬか、偽《いつわり》を云《いい》、名聞《みょうもん》を専《もっぱら》とする人なり」と切り捨てている。立場を理解していないバカ者か、ウソつきか、口先だけで評判を取ろうとする下劣な人間だというのだ。

切腹したのは、しかし孫の太郎ではなく祖父の川路聖謨のほうだった。

慶応4(1868)年3月15日、川路は倒壊する幕府に殉じて表六番町の屋敷で自害を遂げた。中風《ちゅうふう》で体の自由が利かないため拳銃で命を絶ったが、当初、川路はあくまで切腹にこだわったらしい。遺体の腹部が短刀でわずかに切り裂かれていた。糟糠《そうこう》の妻にも告げず、一人ひっそり切腹を試みたのだった。

68歳の病んだ老人の力では腹部は思うように切れなかったが、そうなると最初からわかっていても、彼は腹に短刀を突き立てようとしたのである。最期の姿は痛々しく惨めなものだったに違いない。しかし彼の姿に武士(幕臣)としての壮絶な意地を感じ、心打たれる読者はすくなくないはずだ。

実際に腹は切らなくても、常にその気持ち(死の覚悟)を心の底に秘めて日々を懸命に送る。そんなキリリと引き締まった緊張感こそが武士の精神の基本ではないか。これが、さまざまな武士マニュアルを見ながら私がたどり着いた、とりあえずの結論である。

主な引用史料と関連文献

番衆狂歌（国立公文書館内閣文庫蔵『視聴草』八の五所収）
官府御沙汰略記（国立公文書館内閣文庫蔵）
東爐（蔵並省自編『海保青陵全集』所収　八千代出版　1976年）
思忠志集（国立公文書館内閣文庫蔵）
卜伝百首（国立公文書館内閣文庫蔵『視聴草』十の六所収）
雑兵物語（金田弘編『雑兵物語』　桜楓社　1970年）
黒甜瑣語（『人見蕉雨集』一・二　秋田魁新報社　1968年）
天野武太夫調進書（個人蔵）
真田家御事蹟稿（『新編信濃史料叢書』十六所収　信濃史料刊行会編集発行　1977年）
武士としては（国立公文書館内閣文庫蔵）
志塵通（鶴岡市立図書館蔵「大泉叢誌」のうち）
集義外書（正宗敦夫編『蕃山全集』二所収　蕃山全集刊行会　1941年）
老士物語之ヶ条覚書（『佐賀県近世史料』八の一所収　佐賀県立図書館編集発行　2005年）

堀内伝右衛門筆記・本所敵打（赤穂市総務部市史編さん室編『忠臣蔵』三所収　1987年）
自刃録（『武士道全書』十所収　時代社　1943年）
甲冑着用指南（国立公文書館内閣文庫蔵）
流芳録（国立公文書館内閣文庫蔵）
懐旧九十年（石黒忠悳著　岩波文庫　1983年）
川路聖謨遺書（日本史籍協会編『川路聖謨文書』八所収　東京大学出版会　1968年）
進士慶幹『江戸時代の武家の生活』（至文堂　1966年）
小澤富夫編『武士としては』（雄山閣　2009年）
氏家幹人『小石川御家人物語』（学陽書房人物文庫　2001年）
氏家幹人『元禄養老夜話』（新人物往来社　1996年
改題後『江戸老人旗本夜話』講談社文庫　2004年）
氏家幹人『江戸藩邸物語』（中公新書　1988年）
氏家幹人『大江戸死体考』（平凡社新書　1999年）

メディアファクトリー新書　048

武士マニュアル

2012年4月30日　初版第1刷　発行

著　者　氏家幹人《うじいえみきと》

発行者　近藤隆史

発行所　株式会社メディアファクトリー

郵便番号　150－0002

東京都渋谷区渋谷3－3－5

電話　0570－002－001（読者係）

03－5469－4740（編集部）

定価はカバーに表示してあります。

本書の内容を無断で複製・複写・放送・データ配信などをすることは、固くお断りいたします。

乱丁本・落丁本はお取替えいたします。

印刷・製本　図書印刷株式会社

©2012 Mikito UJIIE　Printed in Japan

ISBN978-4-8401-4567-1 C0221

メディアファクトリー新書　好評既刊

メディアファクトリー新書 015

『働かないアリに意義がある』

長谷川英祐：著

働き者として知られるアリ。しかし彼らの７割は実は働いておらず、１割は一生働かない。また、働かないアリがいるからこそ、組織が存続していけるという。生物学が解き明かした「個」と「社会」の意外な関係。

メディアファクトリー新書 045

『セクシィ仏教』

愛川純子・田中圭一：著

お釈迦さまの教えを伝える「仏教説話」はスキャンダラスな事件の宝庫だった！ 禁じられた初体験の悦びを仏さまに報告してしまう尼、愛欲に身を焦がし鬼と化す僧……。煩悩に翻弄される人々を温かく見つめる、性愛の仏教説話を紹介。

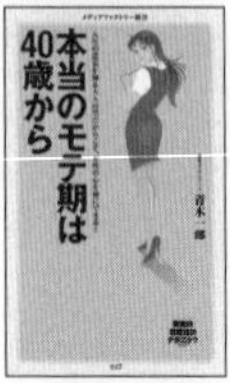

メディアファクトリー新書 047

『本当のモテ期は40歳から』

青木一郎：著

40歳を過ぎたらもうモテない、と思ったら大間違い。「選ばれる」ことを目標に合理的な方法を採れば、あなたは必ず上質の恋愛を手に入れられる。効果抜群の外見改良、話がはずむPC活用術など、大人のためのモテる技術。

メディアファクトリー新書 049

『名刺は99枚しか残さない』

荒木亨二：著

フォルダに入れっぱなしの名刺のうち、仕事に使っているのは何枚あるだろうか？ 名刺を整理するだけでなく、企画の発想から自己プロデュースまで、驚くべき効力を発揮する「超」名刺活用術！

メディアファクトリー新書 050

『社長の勉強法』

國貞文隆：著

時代を読み、大きな決断をし、人を束ね、結果を出す社長たち。彼らの日々の勉強法にならえば、判断力と決断力に富み、環境に対応できる仕事力がつくはずだ。現代を代表する名物社長８人が勉強法を初めて明かす一冊。

メディアファクトリー新書 051

『腹だけ痩せる技術』

植森美緒：著

腹が出る、たるむ理由は「姿勢」にあった――！ 腹筋運動なし、食事制限なし。気づいたときに凹ませるだけで、困ったおなかはみるみる引き締まる！ 見た目が５～10歳若返る、驚きの「たったこれだけ」メソッド。